엄마 아빠에게 선물하는

스마트폰 활용
+ 챗GPT
무한 꿀팁 36

갤럭시, AI, 챗GPT, 등본 발급, 카카오톡, 송금, 선물하기,
쿠팡, 배달 주문, 번역, 카메라/사진, 길찾기까지

온선 지음

모르면 손해!
갤럭시 화면에 딱 맞춘
꿀기능 총정리!

신기하다

엄청쉽다

유용하다

KB216849

GOLDEN RABBIT

"지난번에 알려줬는데, 안 쓰니까 또 까먹게 되네."
"나 이것 좀 해줘."

엄마의 한마디가 계기가 되어 유튜브 채널【온선】이 시작되었습니다. 처음에는 단순히 사진 저장이나 문자 답장하는 법처럼 쉬운 기능만 알려드렸죠. 그러나 부모님들에게 카카오톡 글씨는 너무 작고 인터넷 검색은 여전히 벽이었습니다. '조금만 알려드리면 되겠지…'라고 생각했지만, 50·60대에게 스마트폰의 수많은 기능은 낯설고 복잡한 과제였습니다.

스마트폰은 이미 생활 필수품이지만 모두에게 친절한 도구는 아니더군요. 기능은 계속 늘고 버튼은 작아지며 설명은 빠르게 지나가죠. 그러다 보니 많은 분들이 "난 이런 거 원래 못해…"라며 자신감을 잃는 모습을 볼 때마다 마음이 아팠습니다. 누군가 조금만 더 쉽게, 더 친절하게 안내해드린다면 충분히 잘하실 수 있는데 말이죠.

'온라인 선생님, 온선'은 실생활에 유용하거나 기본적인 팁을 담은 소박한 영상들로 시작했어요. 생각보다 많은 분이 공감하고 좋아해주었습니다. "딸한테 묻지 않고 해냈어요!", "친구에게도 알려줬어요!" 같은 댓글을 볼 때마다 제 사명이 분명해졌습니다. 디지털은 결코 젊은 세대만의 전유물이 아닙니다. 천천히 반복하다 보면 누구나 "나도 할 수 있다"는 자신감을 얻을 수 있습니다.

이 책은 온라인 주문부터 택시 호출, AI로 정보 검색하기 등 새롭고 유용한 기능뿐만 아니라 일상 속 불편을 쉽고 친절하게 해결하도록 돕습니다. 낯설게만 느껴지던 화면이 이제는 든든한 도우미가 되길 바라며, 빠르게 변하는 세상 속에서 이 책이 여러분에게 작은 이정표가 되기를 진심으로 기원합니다.

온라인 선생님_김은정

이 책을 공부하기에 앞서 이건 알고 가세요!

 이 책은 갤럭시 스마트폰 화면을 기준으로 만들었어요

이 책은 엄마 아빠가 주로 사용하는 갤럭시 스마트폰을 대상으로 설명합니다. 기기 모델보다 중요한 것은 화면을 구성하는 사용자 화면인 'One UI' 버전으로, 버전에 따라 메뉴 배치와 조작 방법이 달라집니다. 현재 갤럭시 S25를 제외한 대부분의 기기가 최신 'One UI 6.1'을 지원하므로, 따라서 이 책에서는 One UI 6.1 기준으로 설명합니다.

 갤럭시 스마트폰이 아닌 다른 안드로이드폰이면 이 책이 쓸모 없나요?

갤럭시는 안드로이드 기본 화면에 삼성 기능을 더한 'One UI'를 쓰므로, 책의 실습은 대부분 다른 안드로이드폰에서도 그대로 적용됩니다. 단, 갤럭시만 가능한 기능은 본문에 '갤럭시 전용'으로 별도 표시했습니다.

 영상과 책이 좀 다른 것 같아요, 왜죠?

영상 강의는 이전 버전을 기반으로 제작되어, 이 책의 최신 환경을 기준으로 설명한 부분과 일부 화면이 다를 수 있습니다. 그러나 핵심 원리와 사용 흐름은 동일하니, 단계별로 따라 하면 어렵지 않게 익힐 수 있습니다.

 스마트폰 화면과 실제 표기가 조금씩 다른데, 왜 그런가요?

이 책은 스마트폰 사용법에 관한 내용을 다루고 있으며, 독자 여러분의 편의를 위해 스마트폰 화면에 표시되는 용어를 그대로 사용하였습니다. 따라서 일부 용어나 표기법 등 표현이 국립국어원의 표준어·외래어 규정과 다를 수 있습니다. 독자 여러분께서는 이 점을 참고하시기 바랍니다.

@트렌디한옥킴 갤럭시 UI 최신 기능을 실제 화면과 함께 알려주어 따라 하기 좋아요. 또한 통화 녹음 자동 설정 등 실전 활용도가 높은 기능으로 구성되어 있어서 든든해요.

👍 👎 ♥   답글

@Coffee홀릭 화면 캡처 꿀팁으로 가족 사진과 문서를 손쉽게 저장할 수 있게 되었어요. 이제는 스마트폰이 제 디지털 사진 앨범이 되었답니다.

👍 👎 ♥   답글

@도시농부MJ 악성 앱 차단 방법이 상세해서 보안 설정이 훨씬 수월해졌어요. 요즘 같은 시대에 꼭 필요한 정보를 알려주네요.

👍 👎 ♥   답글

@뮤직러버55 전자문서를 카카오톡으로 받는 과정이 놀랍도록 간단해졌습니다. 공공기관 서류도 이제 스마트폰으로 바로 확인할 수 있네요!

👍 👎 ♥   답글

@오늘도걷는다 스마트폰 찾기 기능 설명이 아주 쉽고 명확해서 좋아요. 분실폰 찾기로 마음 편히 외출할 수 있게 되어서 걱정을 덜었어요.

👍 👎 ♥   답글

@소소한삶 광고 차단 설정만과 악성 앱 탐지 과정을 천천히 따라 하다 보니, 웹 서핑 속도가 훨씬 빨라지고 스마트폰 사용 습관도 자연스럽게 안전해졌어요.

👍 👎 ♥   답글

@애란사랑 AI 기능 활용 꿀팁에서 챗GPT로 일정 관리와 정보 검색을 해보니, 손주들과 대화할 때 더욱 똑똑해진 기분이에요.

👍 👎 ♥   답글

@박순자 카카오톡 선물하기 기능이 이렇게 간단한지 몰랐어요. 지인 생일이나 기념일 등 선물 준비가 훨씬 수월해졌어요.

👍 👎 ♥   답글

@디지털삼춘 카카오 택시부터 전자문서까지 이 한 권으로 다 배웠습니다. 이제 스마트폰이 제 든든한 비서가 되었어요.

👍 👎 ♥   답글

@행복희망 AI 챗봇을 활용해 건강 정보도 빠르게 찾아볼 수 있으니, 일상생활이 훨씬 풍요로워졌습니다.

👍 👎 ♥   답글

친절한 온선의 스마트폰 활용 + 챗GPT 무한 꿀팁 학습 설계

친절한 온라인 선생님, 온선이 갤럭시 전용 꿀팁, 유용한 앱 사용법 등 스마트폰부터 챗GPT 활용까지, 기초부터 실전까지 차근차근 알려드립니다. 온선만 믿고 따라오세요!

 온선에게 무엇이든 물어보세요

저자 선생님이 있는 오픈카톡방에서 《엄마 아빠에게 선물하는 스마트폰 활용 + 챗GPT 무한 꿀팁 36》을 공부하며 궁금한 점을 물어보고, 함께 학습하면 좋은 점을 공유하세요!

- 오픈카톡방 주소   bit.ly/42TkCiV

유튜브를 통해 같이 공부해요!

저자 선생님의 무료 강의를 보고 같이 학습해보세요. 스마트폰 활용뿐만 아니라 컴퓨터 사용법, 유용한 어플, 유튜브 채널 만들기, AI 사용법까지 다양한 콘텐츠를 접하고 경험할 수 있어요!

• 유튜브 강의 주소　bit.ly/3YmdURc

세상에서 가장 쉬운 디지털 교육

 온선 [온라인 선생님]

@온선 · 구독자 16.5만명 · 동영상 248개
유튜브, 스마트폰, 카카오톡, 컴퓨터사용법을 가장 쉽게 알려드리는 온라인 선생님 [온선] 입니다. ...더보기
tiktok.com/@onlineteacher_tiktok

[구독] [가입]

QR 코드

홈　동영상　Shorts　재생목록　게시물　🔍

인기 동영상

갑작스러운 긴급상황에서 음성녹음 몰래 하는 방법 (잠금 화면 자...	99%가 모르는 스마트폰 개인정보 탈탈 털리는 이유. 계좌정보, 개...	유튜브 매일 본다면, 꼭 알아가세요! 내 소중한 시간 지켜줍니다...	지긋지긋한 스팸 광고문자 한번에 싹 다 차단하는 방법 / 문자 계속...	카카오톡으로 아주 쉽게 외국어 번역하는 방법 / 외국어 채팅 / 카...	(공짜예요!!) 핸드폰으로 1분만에 개인 팩스번호 만들고 팩스 여러...
조회수 194만회 · 9개월 전	조회수 175만회 · 1년 전	조회수 123만회 · 8개월 전	조회수 115만회 · 1년 전	조회수 84만회 · 1년 전	조회수 63만회 · 1년 전

스마트폰 사용법　▶ 모두 재생
스마트폰을 더 효율적이고 쉽게 사용하는 방법

갑작스러운 긴급상황에서 음성녹음 몰래 하는 방법 (잠금 화면 자...	99%가 모르는 스마트폰 개인정보 탈탈 털리는 이유. 계좌정보, 개...	유튜브 매일 본다면, 꼭 알아가세요! 내 소중한 시간 지켜줍니다...	지긋지긋한 스팸 광고문자 한번에 싹 다 차단하는 방법 / 문자 계속...	와이파이 비밀번호 없이 1초만에 무료 인터넷 연결하는 방법 / 인터...	실시간으로 외국어 대화 가능! 스마트폰으로 외국어 번역하는 놀...
온선 [온라인 선생님] ✓	온선 [온라인 선생님] ✓	온선 [온라인 선생님] ✓	온선 [온라인 선생님] ✓	온선 [온라인 선생님] ✓	온선 [온라인 선생님] ✓
조회수 194만회 · 9개월 전	조회수 175만회 · 1년 전	조회수 123만회 · 8개월 전	조회수 115만회 · 1년 전	조회수 59만회 · 1년 전	조회수 54만회 · 1년 전

유용한 어플　▶ 모두 재생
알고있으면 정말 유용하고 편리한 어플 / 앱 사용법

(공짜예요!!) 핸드폰으로 1분만에 개인 팩스번호 만들고 팩스 여러...	안 보인다고 돋보기 살 필요가 없어요~ 스마트폰이 알아서 읽고, 알려줍니다!	(초간단) 핸드폰 하나로 증명사진 만드는 방법	아직도 길 헤매시나요? 실제 거리를 직접 보면서 가장 빠른 길을...	5분만에 책 한권을 통째로 휴대폰으로 넣는 방법!	병원갈때 신분증 챙기지 마세요! 단, 핸드폰은 들고가세요!
온선 [온라인 선생님] ✓	온선 [온라인 선생님] ✓	온선 [온라인 선생님] ✓	온선 [온라인 선생님] ✓	온선 [온라인 선생님] ✓	온선 [온라인 선생님] ✓
조회수 63만회 · 1년 전	조회수 14만회 · 5개월 전	조회수 13만회 · 1년 전	조회수 12만회 · 1년 전	조회수 2.3만회 · 9개월 전	조회수 1.2만회 · 11개월 전

온선의 틱톡에서 다양한 콘텐츠를 접해보세요!

간편하게, 짧은 시간 안에 영상으로 정보를 얻고 싶다면 온선의 틱톡을 이용해보세요! 다양한 콘텐츠를 틱톡으로 바로 만나볼 수 있습니다.

• 틱톡 강의 주소   bit.ly/3RDMtyr

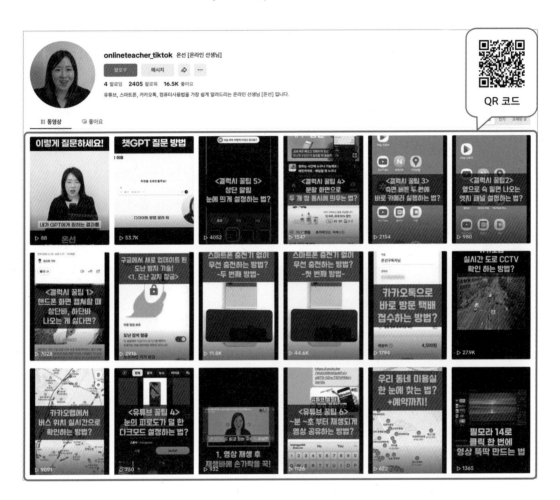

이 책에서는 갤럭시 스마트폰의 숨어 있는 꿀팁부터 다양하고 유용한 앱 활용법, 인공지능 대화형 챗봇인 챗GPT를 활용한 실전 노하우까지 알짜배기가 가득합니다. 어렵게만 느껴졌던 설정과 활용법이 이 책을 통해 이제 손쉽고 재미있게 다가올 거예요. 그럼 본격적으로 다양한 사용법을 알려드리기 전에 간단한 기초 꿀팁부터 알아볼게요.

스마트폰 기본 화면과 조작법을 확인해요

스마트폰을 처음 켜면 마치 새로운 세상이 열리는 것처럼 수많은 아이콘이 가득한 '홈 화면'이 나타납니다. 이 화면은 스마트폰을 사용하는 중심 공간으로, 다양한 앱(애플리케이션 프로그램)이 아이콘 형태로 정리되어 있어 원하는 기능을 찾아 실행하면 됩니다.

여기가 홈 화면이에요. 익숙하죠? 이곳에 모여 있는 앱 아이콘을 실행하여 다양한 작업을 손쉽게 할 수 있어요

화면을 보면 위쪽에는 배터리 잔량, 시계, 네트워크 상태 등이 표시되어 있어 현재 기기의 상태를 한눈에 확인할 수 있습니다. 또한, 스마트폰은 손가락으로 직접 조작하는 기기이므로, 손가락으로 아이콘을 눌러 선택하거나 화면을 부드럽게 밀어 넘기면서 다른 화면으로 이동하는 등 간단하면서도 직관적인 동작법을 사용합니다. 손가락을 이용한 사용법은 크게 다음 두 가지 동작으로 나눌 수 있으며, 손쉽게 화면을 탐색할 수 있습니다.

- 터치(손가락으로 누르기) : 원하는 아이콘이나 버튼 위에 손가락을 가볍게 눌러 선택합니다.
- 스와이프(손가락으로 밀기) : 화면을 좌우 또는 위아래로 손가락으로 밀어 넘기면 다른 화면으로 이동할 수 있습니다.

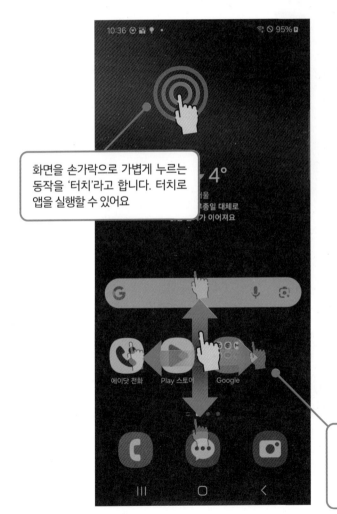

화면을 손가락으로 가볍게 누르는 동작을 '터치'라고 합니다. 터치로 앱을 실행할 수 있어요

손가락을 누른 상태에서 상하좌우로 움직이는 동작을 '스와이프'라고 하는데, 편하게 '쓸어내리기', '쓸어올리기', '왼쪽으로 밀기', '오른쪽으로 밀기'라고 부를게요

통화와 문자 메시지 사용법을 살펴봐요

빈번하게 사용하는 전화와 문자 메시지 보내기 관련 꿀팁이 가장 궁금하고, 그 다음으로는 카카오톡 사용법이 아닐까 싶습니다. 전화를 거는 '통화' 앱은 홈 화면 아래쪽 '바로가기' 영역에 자리하고 있으며, 그 옆에는 메시지 앱과 카메라 앱이 함께 있습니다. 그만큼 자주 사용하여 전화와 문자 메시지 사용법에 비교적 익숙하지만, 스마트폰을 처음 쓰는 분을 위해 잠시 기본적인 사용법을 살펴보겠습니다. 직접 통화, 메시지 앱을 터치하여 실행해보세요.

'통화' 앱 실행

전화번호를 누른 다음

여기는 바로가기 영역입니다. 초기에는 전화, 메시지, 카메라 앱이 배치되어 있으며, 원하는 앱을 추가하거나 제거할 수 있어요

'카메라' 앱

'통화' 앱

'메시지' 앱

'터치'하면 앱이 실행됩니다

통화 버튼을 누르면 전화가 걸려요

'통화' 앱과 마찬가지로 '메시지', '카메라' 앱도 '터치'하여 실행합니다.

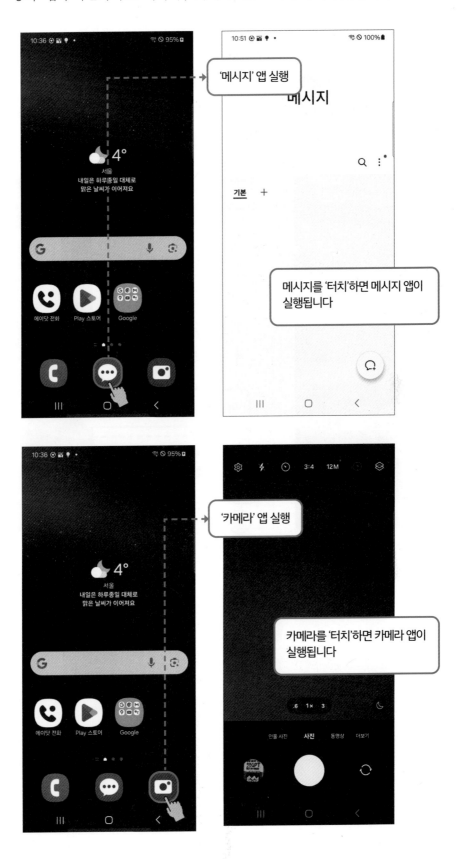

'메시지' 앱 실행

메시지를 '터치'하면 메시지 앱이
실행됩니다

'카메라' 앱 실행

카메라를 '터치'하면 카메라 앱이
실행됩니다

03 내비게이션 바(하단 버튼 3개가 있는 영역)를 알아봐요

내비게이션 바Navigation bar에는 딱히 한국어를 대체할 용어가 없습니다. 직역하면 '길안내 바' 정도가 되겠지만 자연스럽지 않으니, 이해를 돕기 위해 '하단 메뉴'라고 부르겠습니다. 이 '하단 메뉴'에는 세 개의 버튼이 있는데요, 왼쪽부터 순서대로 '앱 바꾸기', '홈 화면으로 이동하기', '이전 화면으로 돌아가기' 이렇게 세 가지 기능을 제공합니다.

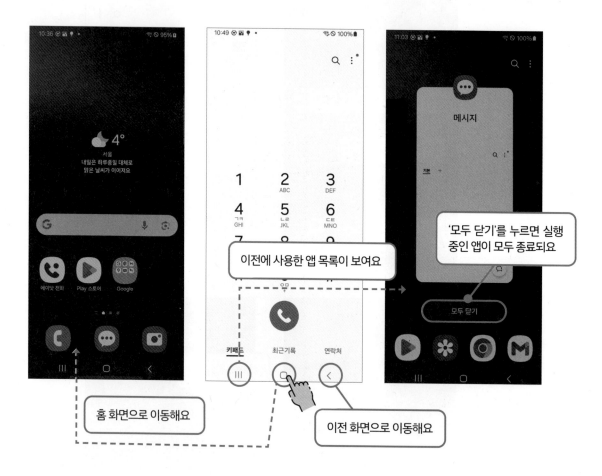

이전에 사용한 앱 목록이 보여요

'모두 닫기'를 누르면 실행 중인 앱이 모두 종료되요

홈 화면으로 이동해요

이전 화면으로 이동해요

카카오톡 설치, 이렇게 하면 정말 쉬워요!

04

스마트폰을 처음 받으면 카카오톡부터 설치하고 싶을 겁니다. 앱 설치는 'Play 스토어'에서 진행합니다. 'Play 스토어' 아이콘은 기본적으로 홈 화면에 배치되어 있습니다. 먼저 ❶ 홈 화면에서 'Play 스토어' 아이콘을 찾아 터치하면, 마치 큰 서점처럼 다양한 앱이 한눈에 보이는 화면이 나타납니다. ❷ 화면 위쪽의 검색창에 설치할 앱 이름을 입력하면 관련 앱 목록이 표시됩니다. ❸ 원하는 앱의 [설치] 버튼을 누르면 자동으로 다운로드와 설치가 진행됩니다.

❶ 'Play 스토어' 앱을 터치하시면 실행됩니다

❷ 🔍 '검색'을 터치하고 '카카오톡'을 입력해보세요

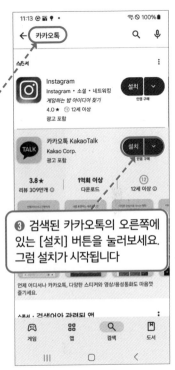

❸ 검색된 카카오톡의 오른쪽에 있는 [설치] 버튼을 눌러보세요. 그럼 설치가 시작됩니다

설치된 앱을 검색하는 방법을 알아봐요

05

스마트폰에 설치된 앱이 많아 홈 화면에서 찾기 어려울 때가 있습니다. 이럴 때는 검색 기능을 이용해보세요. ❶ 홈 화면을 위로 쓸어올리면 검색창이 나타나고, ❷ 검색창에 앱 이름을 입력하면 원하는 앱을 빠르게 찾을 수 있습니다.

❶ 홈 화면에서 손가락을 터치한 상태로 위로 올려주세요

그러면 검색창이 나와요. ❷ 여기서 원하는 앱 이름을 입력하여 검색하세요

'설정' 앱에 들어가는 방법을 알아봐요

본격적으로 시작하기 전에 하나만 더 알아보겠습니다. 바로 '설정' 앱을 실행하는 방법입니다. '설정' 앱은 주로 갤럭시 전용 편의 기능을 이용할 때 자주 사용하게 됩니다. ❶ 화면 위 부분을 터치한 상태에서 아래로 내려주세요. 그러면 ⚙️ 모양의 '설정' 앱 아이콘이 보여요. ❷ 이 아이콘을 터치하면 앱이 실행됩니다. ❸ 설정에서 원하는 기능을 찾는 방법은 두 가지입니다. 화면 위쪽의 '검색창'에서 키워드를 입력해 검색하거나, 손가락을 터치한 상태에서 목록을 아래위로 올리며 찾을 수 있습니다.

❶ 화면 위쪽 부분에서 터치 후 아래로 내리세요

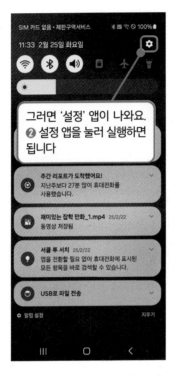

그러면 '설정' 앱이 나와요. ❷ 설정 앱을 눌러 실행하면 됩니다

❸ 설정에서는 검색하거나, 손가락을 터치하여 아래위로 움직여 목록을 확인할 수 있어요

목 차

갤럭시 스마트폰 숨어 있는 기능 꿀팁(1)

01

통화 도중
전화 끊지 않고
인증 문자 찾아서 보내기

02

스마트폰 인증번호
자동으로 입력하기

03

초간단 통화,
이렇게 하세요

04

더 선명한 목소리로
통화하기

05

스마트폰 통화 녹음
자동 설정하기

통화 도중 전화 끊지 않고 인증 문자 찾아서 보내기

문자 메시지, 스피커 모드

갤럭시 전 용

영상 QR 코드

여러분, 통화 중에 문자 메시지가 왔을 때, 전화를 끊지 않고도 문자를 바로 확인할 수 있다는 거 알고 계신가요? 보통은 전화를 끊고 나서 메시지를 확인해야 하는 번거로움이 있지만, 스피커 모드를 활용하면 통화 중에도 원활하게 문자 내용을 확인하고 상대방에게 전달할 수 있습니다.

여기서는 전화를 하면서 문자 메시지를 확인하는 간단한 방법을 소개합니다. 화면 중앙의 홈 버튼과 스피커 버튼을 이용해, 누구나 쉽게 따라 할 수 있으며, 어렵지 않아요. 이 방법에 익숙해진다면, 전화 통화와 문자 메시지 확인이 동시에 가능하여 효율성과 일상적인 커뮤니케이션의 질을 높일 수 있는 겁니다.

'이 꿀팁' 언제 쓸까?

- 통화 중 메모 작성이나 인터넷 검색 등이 필요할 때
- 여러 사람이 함께 통화를 들어야 할 때
- 요리 또는 집안일로 손이 자유롭지 않을 때
- 운전 중 블루투스 연결이 안 될 때
- 녹음된 음성을 자연스럽게 확인하거나 편집할 때

1 통화 도중 메시지 앱 실행하기

이제부터 통화 중에 문자가 왔다고 가정하겠습니다. 먼저 스마트폰에서 메시지 앱 찾는 방법부터 차근차근 알아볼게요. 그래야 통화 중에 메시지를 찾을 수 있으니까요.

메뉴 미리 준비   홈 화면

원활한 실습을 위해 첫 화면 메뉴를 미리 준비하세요

≫ 화면 바로가기 영역에 있는 [메시지] 앱 실행

≫ 화면 바로가기 영역에 메시지 앱이 없다면,
❶ 바탕화면에서 손가락 대고 위로 올리세요. ➡
❷ [메시지] 앱 실행

2 스피커 모드로 전환하여 통화 중 문자 확인하기

이제 본격적으로 통화를 하면서 문자를 확인하는 방법을 알아보겠습니다. 가까운 지인에게 전화를 걸어 직접 이 과정을 확인해보기 바랍니다. 저는 통신사 114로 전화를 걸어 실습해보 겠습니다.

TIP 소리가 기기 바깥으로 안 들린다면, 볼륨이 낮게 설정되어 있을 수 있어요. 소리 버튼을 눌러 볼륨을 높여주세요

[메뉴 미리 준비]   홈 화면 ➡ [통화] 앱 실행 ➡ 전화 걸기

≫ ❶ [스피커] 터치 ➡ ❷ 홈 버튼 터치

≫ [메시지] 앱 실행

≫ 읽어야 하는 메시지를 터치해 선택

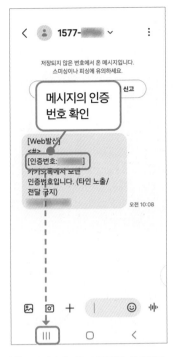

메시지의 인증
번호 확인

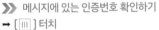

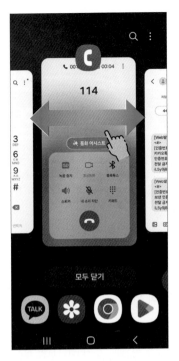

>> 메시지에 있는 인증번호 확인하기
→ [|||] 터치

>> 좌우로 넘기면서 '통화' 앱 선택

>> [스피커]를 다시 터치
'스피커'를 다시 누르면 스피커 모드가
종료됩니다.

 온선 노트

스피커 모드는 어떤 기능을 할까요?

스피커 모드는 상대방의 목소리를 우리 귀에 들리게 작게 하는 것이 아니라 주변으로 크게 들리도록 하는
기능이에요. 통화 중에 스마트폰을 보면 화면 중간에 스피커 모양의 아이콘이 있어요. 이 아이콘을 한 번 누
르면 갑자기 상대방 목소리가 엄청 크게 들릴 겁니다.

스마트폰 인증번호 자동으로 입력하기
알림 팝업, 문자 인증, 스마트 추천

갤럭시 전용

영상 QR 코드

회원가입, 로그인 등 서비스 이용 시 대부분 본인 확인을 위해 인증 문자를 받아 번호를 입력한 경험이 있을 거예요. 인증 문자를 입력하려고 하면 화면에 문자가 반짝 떴다가 잠깐 사이에 바로 사라지는 경우가 많았을 겁니다. 그럴 때는 문자 메시지를 확인하고 번호를 외워서 입력하는 번거로움이 있었을 텐데요. 놀랍게도 터치 한 번에 인증 문자의 인증번호를 바로 입력할 수 있는 방법이 있습니다. 더 이상 인증번호 외우지 마세요! 스마트폰 인증번호 입력을 훨씬 간편하게 할 수 있는 두 가지 방법을 소개합니다.

'이 꿀팁' 언제 쓸까?

- 인터넷 뱅킹에 로그인할 때
- 온라인 쇼핑 중에 결제 인증을 할 때
- 비밀번호를 재설정할 때
- 모바일 앱에서 병원 예약을 확정할 때
- 이벤트 쿠폰으로 응모를 할 때

1 알림 팝업 스타일 변경하기

알림 팝업 스타일이 각자 다를 수 있습니다. 문자가 오면 잘 보이게 하기 위해 화면 상단에 보이는 알림을 크게 변경하고, 어떻게 변경되었는지 확인해보겠습니다.

알림 팝업 스타일을 설정하기

알림 팝업 스타일은 두 가지가 있습니다. '설정' 앱의 알림에서 팝업 스타일을 크게 보이도록 '자세히 보기'로 변경합니다.

메뉴 미리 준비   홈 화면

>> ❶ 홈 화면에서 손가락을 대고 아래로 내려주세요. → ❷ [설정] 앱 실행

>> [알림] 터치

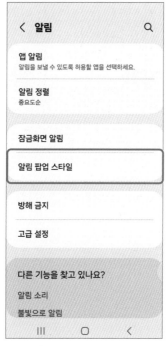

>> [알림 팝업 스타일] 터치

>> [자세히 보기] 터치

문자 팝업 확인해보기

알림이 잘 보이도록 팝업 스타일을 수정했으니 문자 팝업도 잘 보일 겁니다. 이제 문자가 왔을 때 알림이 어떤 모양인지 확인하겠습니다. 여기서는 예스24 서점에서 본인 인증으로 문자 확인 테스트를 진행했습니다. 여러분도 각자 원하는 사이트에서 문자 팝업 스타일이 잘 변경되었는지 확인해보기 바랍니다.

메뉴 미리 준비 ┃ 인증 화면 ➡ 문자 확인

≫ [복사] 터치

≫ ❶ 인증번호 입력창을 터치 ➡
❷ 인증번호 터치

≫ 인증번호가 입력됩니다.

2 스마트 추천 기능을 활용한 인증 문자 자동 입력하기

앞에서 설명한 방식은 팝업에 보이는 인증 문자 알림에서 복사를 누르지 못하면 사용할 수가 없습니다. 또한 스마트폰 문자 앱에 들어가서 그 인증 문자를 복사한 다음 다시 입력하는 것도 여간 번거로운 일입니다. 더 나은 방법이 없을까요? 있습니다! 스마트 추천 기능을 사용하여 인증 문자를 자동으로 인식하여 입력하는 방법을 소개합니다.

[메뉴 미리 준비]   홈 화면

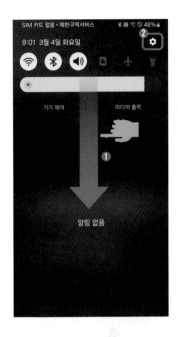

>> ❶ 홈 화면에서 손가락을 대고 아래로 내려주세요. → ❷ [설정] 앱 실행

>> [유용한 기능] 터치

>> [스마트 추천] 터치

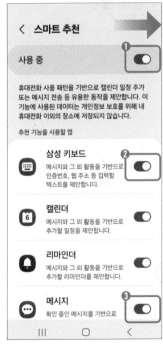

>> ❶ [사용 중]인지 확인하고 비활성이면 활성화해주세요. ❷ [삼성 키보드]와 ❸ [메시지]도 활성화해주세요.
이렇게 설정하면 이후 인증 메일이 왔을 때 인증 입력창에 자동으로 번호가 입력됩니다.

초간단 통화, 이렇게 하세요

단축번호 통화, 초성 검색, 세 자리 검색

갤럭시 전용

영상 QR 코드

여러분, 갤럭시 스마트폰의 초성 검색 기능과 단축번호 설정 방법을 활용해 전화할 상대방의 연락처를 훨씬 빠르고 효율적으로 찾을 수 있다는 사실, 알고 계셨나요? 이번에는 갤럭시 스마트폰에서 초성을 사용해 원하는 연락처를 신속하게 검색하는 방법과, 연속된 숫자를 활용하여 전화번호를 쉽게 찾는 팁을 소개합니다. 또한, 단축번호 기능을 통해 긴급 상황에서도 빠르게 연락할 수 있는 방법을 자세히 안내합니다. 전화와 관련된 두 기능은 일상에서 시간을 단축시켜 주어 신속함과 편리함을 가져다 줄 것입니다.

'이 꿀팁' 언제 쓸까?

- 긴 연락처 목록에서 특정 번호를 빠르게 찾을 때
- 연락처를 빠르게 호출할 때

1 갤럭시 스마트폰의 초성 검색 기능 알아보기

여러분, 전화를 할 때 기본 전화기 앱을 열고 돋보기 아이콘을 눌러 연락하고자 하는 사람의 연락처를 하나하나 검색하죠? 아니면 최근 통화 기록에서 찾아 전화를 거는 방식이 익숙할 겁니다. 번거롭게 연락처를 검색하는 과정 대신 갤럭시 스마트폰의 **초성 검색 기능**을 활용하여 간편하게 연락처를 찾아 전화를 거는 방법을 소개합니다. 직접 사용해보면 "와, 시간 단축이 엄청 많이 되네!"라는 생각과 함께 놀라움을 느낄 거예요.

[메뉴 미리 준비] 홈 화면

>> [전화] 앱 실행

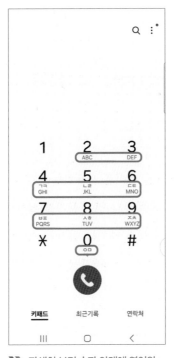

>> 자세히 보면 숫자 아래에 영어와 한글이 표시되어 있으며, 숫자를 누르면 해당 숫자 아래에 있는 영어나 한글로 연락처가 검색됩니다.

>> ❶ 초성이 있는 숫자 0, 7, 9를 순서대로 터치 ➡ ❷ '아버지' 전화번호가 검색됨

예를 들어 '아버지' 초성은 ㅇ, ㅂ, ㅈ로, 초성이 있는 숫자 0, 7, 9를 순서대로 누르면 '아버지' 전화번호가 검색됩니다.

>> 검색된 결과 왼쪽에 손가락을 대고 오른쪽으로 쭈욱 미세요. 그러면 '아버지'로 통화가 연결됩니다.

>> 반대로 오른쪽에 손가락을 대로 왼쪽으로 밀면 메시지를 보낼 수 있어요.

>> ㅋ과 같이 두 번째로 위치한 초성 입력 방법은 어떻게 할까요?
❶ ㅋ 해당 키패드 4를 터치 ➡ ㄱ과 ㅋ 연관된 ❷ 모든 검색 전화번호를 보여 줍니다.

갤럭시 스마트폰의 '초성 검색 기능'은 아이폰 사용자들이 부러워하는 편리한 기능입니다. 전화기 앱의 키패드에서 숫자 아래에 표시된 한글과 영어 문자를 활용해, 연락처를 초성으로 빠르게 검색할 수 있습니다. 또한 숫자 키패드의 문자 배치는 천지인 키패드와 동일하여, 누구나 손쉽게 익힐 수 있습니다. 편리한 초성 검색 기능 직접 실행해보세요!

 온선 노트

연락처 검색에서 전화와 문자 보내기

초성 검색 기능과 마찬가지로 전화번호 일부분으로 연락처를 검색했을 때 나오는 결과에서 전화와 문자 메시지를 보낼 수 있습니다. 이후 사용법은 초성 검색과 같습니다.

- 통화 : 왼쪽에서 오른쪽으로 밀기
- 문자 메시지 : 오른쪽에서 왼쪽으로 밀기

2 전화번호 일부분으로 연락처 검색하기

전화를 걸고 싶은 상대방의 전화번호 일부만 알고 있어도, 더욱 쉽게 연락처를 찾을 수 있다는 사실, 알고 있나요? 상대방의 번호 중 연속된 세 자리 숫자만 입력하면, 해당 숫자가 포함된 모든 전화번호를 자동으로 검색해주는 기능을 소개합니다. 전화번호의 앞부분이나 뒷부분에 상관없이 일부 숫자만으로도 빠르게 원하는 연락처를 찾을 수 있습니다. 어떻게 하는지 살펴봅시다.

메뉴 미리 준비   홈 화면

>> [전화] 앱 실행

>> ❶ 222를 입력 ➡ 그러면 연락처에 등록된 전화번호 중 ❷ 222가 포함된 전화번호 모두를 검색해서 보여줍니다.

>> 둘 이상 검색되는 경우에는 손가락을 대고 쓰윽 밑으로 당겨주세요. 그러면 더 많은 결과 목록이 보입니다.

3 단축번호 설정으로 빠른 전화 걸기

단축번호 설정 관련해서 정말 편리한 꿀팁을 하나 알려드릴게요! 키보드에서 번호 하나만 꾹 누르면 상대방에게 바로 전화를 걸 수 있는 기능이 있습니다. 스마트폰을 사용하기 이전에는 자주 사용했던 기능이죠. 지금은 없어진 줄 알았지만, 여전히 긴급 상황이나 중요한 연락처를 빠르게 호출할 때 유용합니다. 또한 **단축번호를 누르기만 하면** 바로 전화로 연결되니 편리하기도 하죠. 이처럼 중요한 사람들의 전화번호나 긴급 연락처는 단축번호로 저장해두면, 필요할 때 빠르게 전화를 걸 수 있으니 꼭 활용해보세요.

메뉴 미리 준비   홈 화면

≫ [전화] 앱 실행

≫ 숫자 8에 손가락을 대고 길게 터치
예를 들어 숫자 8번에 단축번호를 지정 해보겠습니다.

≫ [지정] 터치
연락처 지정에서 '지정'을 누릅니다.

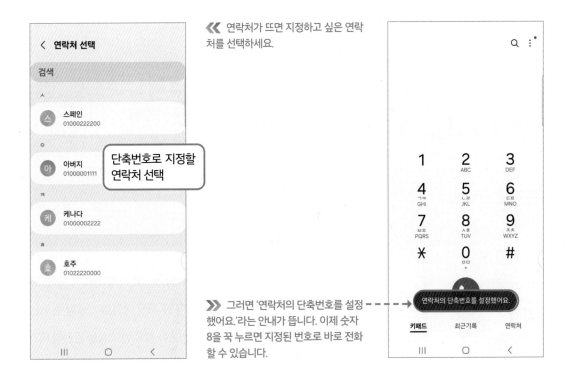

≪ 연락처가 뜨면 지정하고 싶은 연락처를 선택하세요.

단축번호로 지정할 연락처 선택

≫ 그러면 '연락처의 단축번호를 설정했어요.'라는 안내가 뜹니다. 이제 숫자 8을 꾹 누르면 지정된 번호로 바로 전화할 수 있습니다.

1번에서 9번까지 자주 연락하는 가족과 친구들의 연락처를 지정해 사용하면 편리할 겁니다. 특히 전화번호를 지정하면 단축번호를 눌렀을 때 바로 저장된 사람에게 전화가 연결됩니다. 이렇듯 사용 방법도 매우 간단해 할머니, 부모님 등 모든 분들에게 추천합니다.

CHAPTER

04

더 선명한 목소리로 통화하기

소음 제거, 목소리 강조하세요

갤럭시 전 모델

영상 QR 코드

여러분, 통화 중에 주변 소음 때문에 상대방 목소리가 잘 들리지 않아 "뭐라고요?", "잘 안 들려요"라고 말했던 경험 있나요? 이럴 때 사용할 수 있는 아주 유용한 기능이 있습니다. 이 기능은 통화 시 주변 소음을 완전히 제거해 상대방의 목소리만 또렷하게 들리도록 도와줍니다. 상대방도 내 목소리를 더욱 명확하게 들을 수 있어, 한 번 설정해두면 계속 사용할 수 있는 매우 편리한 기능입니다.

'이 꿀팁' 언제 쓸까?

- 소음이 많은 카페나 식당에서 통화할 때
- 도로변이나 교통 소음이 심한 장소에서 통화할 때
- 공사장 등 소음이 심한 환경에서 통화할 때
- 스포츠 경기장이나 콘서트장 같은 붐비는 장소에서 통화할 때
- 집에서 TV나 음악 소리가 들리는 상황에서 통화할 때

1 통화 시 목소리 강조 기능 사용하기

목소리 강조 기능은 갤럭시 스마트폰의 숨겨진 기능으로, 일반 설정 메뉴에서는 찾을 수 없습니다. 이 기능은 통화 중에만 설정할 수 있어, 많은 사용자가 잘 모를 수 있습니다. 아마 통화를 하면서 화면을 보는 경우가 드물어서 그럴 수 있습니다. 아쉽게도 이 기능은 갤럭시에 숨겨진 기능으로, 모든 스마트폰에 지원하는 기능은 아닙니다. 지원하는 모델은 다음과 같습니다.

- 사용 가능 기종 : 갤럭시 S23 이후 버전, 폴드 5, 폴드 6, 플립 5, 플립 6

이 기능은 통화 중에만 설정할 수 있으므로, 실제 기능을 사용해보기 위해 114로 전화를 걸어 실행하겠습니다.

메뉴 미리 준비   홈 화면

≫ [전화] 앱 실행

≫ ❶ 114 번호 입력 → ❷ [통화] 터치
114 번호를 누른 다음 전화를 연결하세요.

≫ 통화 화면으로 전환되며, 여기서 화면에 손가락을 대고 아래쪽으로 내려주세요.

 한 번 더 아래로 내려주세요

▶ [마이크 모드] 터치

▶ '목소리 강조' ➡ [완료] 터치

마이크 모드에서는 다음과 같이 세 가지 기능을 선택할 수 있습니다. 각각 어떤 기능을 하는지 살펴봅시다.

- 표준 : 지금까지 사용한 기본 모드

- 목소리 강조 : 소음을 차단해 목소리를 또렷하게 들리게 강조

- 모든 소리 그대로 : 표준보다 더 원음 그대로 들려줌. 카카오톡 전화 걸기에서 스피커폰 모드일 때 나타남

설정한 다음 직접 사용해보면, 이렇게 간단한 설정으로도 통화 음질이 크게 개선될 수 있다는 점에 정말 놀랄거예요. 한 가지 더 놀라운 점은 스피커 모드에서도 이 기능을 사용할 수 있다는 것입니다.

CHAPTER 05

스마트폰 통화 녹음 자동 설정하기

자동 녹음 설정/해제, 파일 관리

갤럭시 전 99

영상 QR 코드

갤럭시 스마트폰의 강력한 이 기능 때문에 다른 기종으로 바꾸지 않는 이유가 있는데요, 바로 통화 자동 녹음 기능입니다. 이 기능은 전화 통화 시 모든 내용을 자동으로 녹음해주는데, 아이폰에는 없는 독특한 기능입니다. 업무 관련 내용, 친구와 약속 등 중요한 내용을 기록해서 나중에 확인할 때 큰 도움이 됩니다. 버튼 하나만 딱 눌러 놓으면 앞으로의 모든 통화 내용이 기록되니, 정말 유용하죠. 아직 이 기능을 모르는 분들이 있을 수 있습니다. 여기서는 갤럭시 스마트폰의 통화 녹음 자동 설정 방법을 알아보겠습니다.

'이 꿀팁' 언제 쓸까?

- 중요한 전화 내용을 기록해야 할 때
- 회의나 인터뷰 내용을 정확히 저장해야 할 때
- 고객 상담 내용을 확인하고 검토할 때
- 약속 시간, 주소 등 정보를 다시 확인할 때
- 법적 증거로 통화 내용을 보관할 때

1 통화 자동 녹음 설정 화면 진입하기

자동 녹음 설정 기능을 활성화하면 통화 녹음이 바로 실행되며, 통화 녹음된 음성 파일을 확인하고, 삭제하거나 공유할 수 있는 기능도 있습니다. 우선 통화 자동 녹음 설정 과정부터 차근차근 알아볼게요. 이후 과정들은 해당 화면부터 시작하겠습니다.

메뉴 미리 준비   홈 화면

≫ [전화] 앱 실행

≫ 점 세 개 아이콘 [⋮] 터치

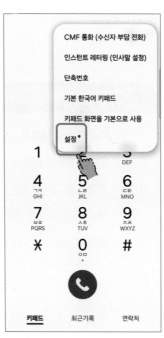

≫ [설정] 터치

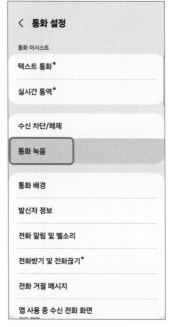

≫ 통화 설정 화면이 보입니다. [통화 녹음]을 누르면 이후 실습을 진행할 수 있습니다.

2 통화 자동 녹음 설정/해제하기

통화 자동 녹음 기능은 사용자의 편의성을 높이기 위해 음성 녹음을 자동으로 시작하거나 중지하는 설정입니다. 자동 녹음을 설정하거나 해제하는 방법에 대해서 알아보겠습니다.

메뉴 미리 준비 ▶ 홈 화면 ➡ [전화] 앱 실행 ➡ [⋮]에서 설정

T I P 다시 한 번 클릭하면 해제됩니다.

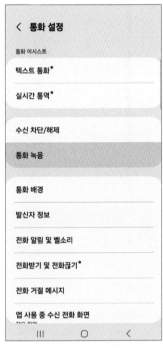

≫ [통화 녹음] 터치

≫ [통화 자동 녹음] 활성화
'통화 자동 녹음'의 기본값은 해제로 되어 있습니다. 버튼을 오른쪽으로 옮겨 활성화하세요.

≫ 통화 자동 녹음이 활성화되었습니다. 이제 통화 중에 자동 녹음이 실행됩니다.

3 녹음된 통화 파일 재생하기

녹음이 되었다면 잘 저장이 됐는지 확인을 해볼까요? '통화 녹음' 화면까지 이동한 다음 여기서부터 녹음된 통화 파일 확인을 실습하겠습니다.

메뉴 미리 준비

홈 화면 ➡ [전화] 앱 실행
➡ [⋮]에서 설정 ➡
통화 녹음

≫ [녹음한 통화] 터치

≫ 재생할 녹음 파일 선택 ➡ 터치

≫ ❶ [음성 녹음] ➡ ❷ [항상] 터치
어떤 프로그램으로 재생할지 연결 프로그램을 선택합니다.

≫ [허용] 터치

≫ 음성 녹음이 재생됩니다. 동그라미는 현재 재생 위치로, 손가락으로 동그라미를 움직여 재생 위치를 이동하며 들을 수 있어요.

4 녹음된 통화 파일 삭제하기

통화하는 만큼 녹음 파일이 계속 쌓이면 저장 공간이 부족하겠죠? 녹음 파일을 삭제 및 관리하는 방법을 알아보겠습니다. 파일 단순 삭제부터, 완전 삭제 그리고 삭제한 파일을 복원하는 기능까지 알아봅시다.

 단순 삭제하기

통화 녹음에서 '녹음한 통화' 화면까지 이동한 다음 따라해주세요.

메뉴 미리 준비　홈 화면 ➡ [전화] 앱 실행 ➡ [:]에서 설정 ➡ 통화 녹음

≫ [녹음한 통화] 터치

≫ ❶ 삭제할 파일을 꾹 눌러 선택 ➡
❷ [모두 삭제] 터치
삭제할 파일을 선택하고 누르면 아래에
메뉴가 보입니다.

≫ [휴지통으로 이동] 터치
그러면 파일이 휴지통으로 이동합니다.

완전히 삭제하기

파일을 삭제했지만, 실제로 삭제되지는 않았습니다. 스마트폰에서 삭제하는 모든 파일은 휴지통으로 이동되어 30일간 보관되도록 기본 설정이 되어 있어 기간이 지난 이후 삭제됩니다. 그렇다면 파일을 곧바로 삭제할 방법이 없을까요? 있습니다. 이번에는 파일을 즉시 삭제하는 방법을 알아보겠습니다.

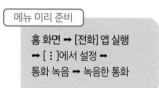

메뉴 미리 준비

홈 화면 ➡ [전화] 앱 실행
➡ [⋮]에서 설정 ➡
통화 녹음 ➡ 녹음한 통화

≫ [⋮] 터치

≫ [휴지통] 터치

≫ [편집] 터치

≫ ❶ [전체] 또는 ❷ 삭제할 개별 파일을 선택 ➡ ❸ [삭제] 터치

≫ [삭제] 터치
'파일 **개를 완전히 삭제할까요?'라는 안내 문구가 보입니다. '삭제'를 누르면 선택한 파일이 완전히 삭제됩니다.

휴지통에 있는 파일 복원하기

휴지통에 있는 파일을 완전 삭제할 수 있을 뿐 아니라, 아직
완전 삭제하지 않았다면 다행히 복원도 가능합니다. 앞의 실
습에 이어서 진행하겠습니다.

메뉴 미리 준비
홈 화면 ➡ [전화] 앱 실행 ➡ [:]에서 설정 ➡
통화 녹음 ➡ 녹음한 통화

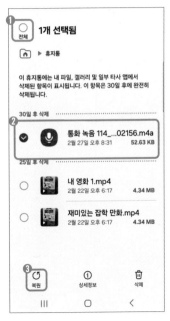

>> ❶ [전체] 또는 ❷ 복구할 개별 파
일을 선택 ➡ ❸ [복원] 터치

5 녹음 파일 공유하기

녹음한 파일은 현재 보관함
이 아닌 다른 저장 공간으로
이동하거나 다른 사람에게
전달할 수도 있습니다. 마지
막으로 녹음한 파일을 다른
곳에 보관하거나 다른 사람
과 공유하는 방법을 알아보
겠습니다.

메뉴 미리 준비
홈 화면 ➡ [전화] 앱 실행
➡ [:]에서 설정 ➡
통화 녹음 ➡ 녹음한 통화

>> 녹음한 통화에서 편집을 누르고
❶ [전체] 또는 ❷ 개별 파일을 선택 ➡
❸ [공유] 터치

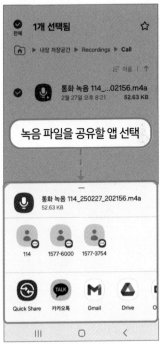

>> 공유할 앱 목록이 보입니다. 원하
는 앱을 선택하고 이후 안내에 따라 공
유하면 됩니다.

갤럭시 스마트폰 숨어 있는 기능 꿀팁(2)

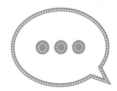

1초 만에 무료 와이파이 연결하기

공공 와이파이, 무료 와이파이

영상 QR 코드

약정된 데이터를 얼마나 사용했는지 매번 확인할 수도 없고, 언제 다 쓸지 몰라서 불안할 때가 있죠? 데이터 사용에 대한 걱정을 덜어줄 공공 와이파이를 소개합니다. 공공 와이파이는 정부나 지자체가 무료로 제공하는 네트워크로, 야외나 지하철에서도 'Public'으로 시작하는 이름의 와이파이를 검색하여 쉽게 연결할 수 있어요. 공공 와이파이 사용 방식은 암호 없이 이용할 수 있는 'Free' 방식과 ID와 암호를 입력해야 하는 'Secure' 방식 두 가지로 제공되어 있습니다. 두 공공 와이파이 모두 이름이 'Public'으로 시작하며, 어떻게 연결하고 사용하는지 살펴보겠습니다.

'이 꿀팁' 언제 쓸까?

- 데이터 요금 절약이 필요할 때
- 국내외 여행 중 인터넷 접속이 필요할 때
- 긴급 상황에서 인터넷이 필요할 때
- 대용량 파일 다운로드나 업로드가 필요할 때
- 장시간 온라인 콘텐츠를 이용할 때

1 와이파이 설정에 접근하는 두 가지 방법

먼저 와이파이 설정에 접근하는 방법에 대해 알아봅시다. 두 가지 방법이 있으며, 두 방법 모두 간편하므로 각자 더 편리한 방법을 이용해보기 바랍니다.

 설정에서 와이파이 연결하는 방법

먼저 설정 앱의 연결에서 와이파이를 선택하는 방법입니다.

메뉴 미리 준비   홈 화면

≫ ❶ 홈 화면에서 손가락으로 화면 아래로 내림 ➡ ❷ [설정] 앱 실행

≫ [연결] 터치

≫ [Wi-Fi] 터치

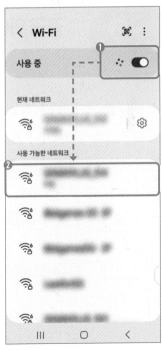

≫ ❶ [사용 중] 터치하여 활성화 ➡ ❷ 원하는 네트워크 선택하여 터치

홈 화면에서 바로 와이파이 연결하는 방법

이번에는 홈 화면에서 와이
파이 아이콘을 눌러 바로 네
트워크를 연결하는 방법을
알아봅시다.

메뉴 미리 준비

    홈 화면

▶▶ ❶ 홈 화면에서 손가락을 대고 아래로 내려주세요. ❷ 🛜 를 오래 터치

▶▶ ❶ [사용 중] 터치하여 활성화 ➡ ❷ 원하는 네트워크 선택

2 공공 와이파이로 무료 인터넷 접속하기

이제 공공 와이파이를 사용하기 위해 접속하는 방법을 알아
봅시다. 'Free'가 붙은 무료 공공 와이파이 사용법은 정말 간
단합니다. 비밀번호 입력 없이 클릭 두 번만으로 연결할 수
있는 점이 큰 장점입니다. 다만, 보안 측면에서는 약간 취약
할 수 있으니 사용 시 주의하기 바랍니다.

메뉴 미리 준비   홈 화면 ➡ [설정] 앱 실행 ➡ 연결 ➡ Wi-Fi

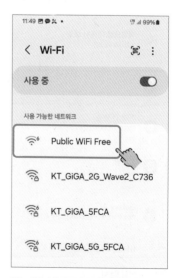

▶▶ 'Plublic WiFi Free' 연결

3 보안이 강화된 무료 와이파이 연결하기

공공 와이파이가 보안이 취약하다는 점을 이미 안내했는데요, 보안이 걱정되는 분들을 위해 또 다른 와이파이 연결 방법을 소개하겠습니다. 바로 'Public'으로 시작하면서 'Secure'로 끝나는 와이파이를 사용하는 방법입니다. 'Secure'는 보안을 의미하는데, 무료로 사용할 수 있으면서도 'Public'에 비해 보안이 한층 강화된 와이파이입니다. 연결하는 방법이 다소 번거로울 수 있지만, 속도가 더 빠르고 안전하기 때문에 이 방법을 적극 추천드립니다.

메뉴 미리 준비 홈 화면 ➡ [설정] 앱 실행 ➡ 연결 ➡ Wi-Fi

≫ [Plublic WiFi Secure] 터치

≫ EAP 방식이 [PEAP]인지 확인. 아니라면 터치해서 [PEAP] 변경

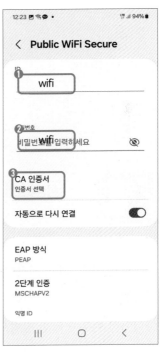

≫ ❶ 아이디, ❷ 비밀번호 모두 'wifi' 입력 ➡ ❸ [CA 인증서] 터치

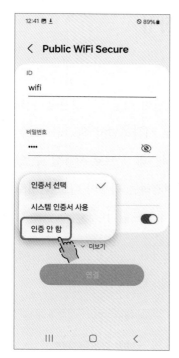

>> [인증 안 함] 터치

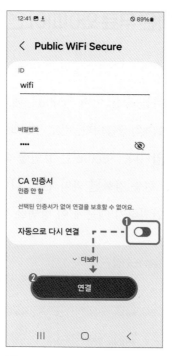

>> ❶ '자동으로 다시 연결' 옆 버튼은 비활성화 상태로 설정하고 ➡ ❷ [연결] 터치

TIP Public Wi-Fi의 아이디와 비밀번호는 전국 어디서나 영어로 'wifi'입니다. 이것만 기억하면 지하철이나 KTX에서도 매우 편리하게 사용할 수 있어요. 혹시라도 인증서 선택 화면이 나온다면 '인증 안 함'을 선택하면, 바로 와이파이 연결이 됩니다.

4 공공 와이파이 이용 제한 시간 극복하기

공공 와이파이, 이용 시간에 제한이 있을까요? 네, 있어요. 공공 와이파이는 최대 1시간까지 이용할 수 있습니다. 1시간 동안 사용하면 자동으로 연결이 끊기지만, 데이터가 사라지는 건 아니어서 이후 동일한 방법으로 다시 접속하면 됩니다. 이 시간 제한은 많은 사용자가 연결해 놓고 사용하지 않을 때 와이파이 속도가 느려지는 문제를 방지하기 위해 마련된 것입니다. 사용 중에 연결이 끊기더라도 재접속하면 다시 사용할 수 있으니 기억하면 좋을 것 같습니다.

5 공공 와이파이 위치 확인하기

그렇다면 공공 와이파이는 어디에서 사용할 수 있을까요? 공공 와이파이 사이트에 접속하면 전국 어디에 와이파이가 설치되어 있는지 쉽게 확인할 수 있습니다. 사실 제일 편한 방법은 자주 사용하는 장소에서 직접 와이파이를 켜서 연결 상태를 확인해보는 것입니다.

- 공공 와이파이 홈페이지 : www.wififree.kr

어떤 곳은 연결이 강하게 되고, 어떤 곳은 연결이 다소 약할 수 있는데, 여기에는 와이파이 위치와 동시에 접속하는 사용자 수가 영향을 미칩니다. 하지만, 유튜브 시청이나 인터넷 검색에는 전혀 문제가 없을 정도로 속도가 안정적으로 제공되니 걱정하지 않아도 됩니다.

6 KT, SK, LG U+ 무료 와이파이 사용하기

지자체에서 제공하는 공공 와이파이 말고도 무료 와이파이가 있습니다. 바로 통신사에서 제공하는 와이파이입니다.

메뉴 미리 준비 │ 홈 화면 ➡ [설정] 앱 실행 ➡ 연결 ➡ Wi-Fi

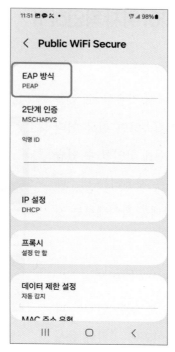

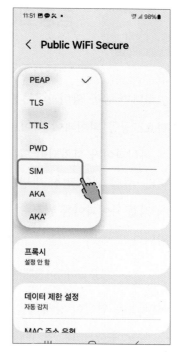

≫ 자신의 통신사에 해당하는 네트워크 선택하세요.
- SKT : T wifi zone
- KT : KT GiGA WiFi
- LG U+ : U+zone

이동 통신사 대리점에서 계약한 스마트폰은 네트워크 선택만으로 와이파이를 사용할 수 있습니다.

≫ [EAP 방식] 터치
해외 직구 또는 자급제 스마트폰을 구매한 경우라면 다음과 같이 스마트폰 추가 설정이 필요합니다.
- 'EAP 방식' ➡ SIM
- 114로 전화 연결 ➡ 스마트폰의 고유 번호(MAC)를 등록

이는 통신사나 스마트폰 연식에 따라 설정이 다릅니다. '온선 노트'에서 사용 설정 방법을 좀 더 알아보겠습니다.

≫ [EAP 방법]을 [SIM] 변경 ➡ 이후 [연결] 터치

이렇게 해도 접속이 되지 않는다면 114를 눌러 통신 고객센터에 전화하세요. 접속이 안 되는 문제를 해결하기 위해 스마트폰 정보를 물어보는데, 그 정보를 안내에 따라 알려주면 됩니다.

 온선 노트

스마트폰 구매 방식에 따른 공공 와이파이 사용 설정을 알아봐요!

이동 통신사 대리점 계약 스마트폰의 경우
- 기본적으로 와이파이 기능이 내장되어 있어서, 별도의 설정 없이 와이파이 사용이 가능합니다.

해외 직구/자급제 스마트폰의 경우
- 추가 설정 필요 : 스마트폰에서 'EAP 방식'으로 SIM 설정을 하거나, 114에 전화를 걸어 스마트폰의 고유 번호(MAC)를 등록하는 등의 절차를 거쳐야 합니다.
- 환경에 따른 차이 : 통신사나 스마트폰 연식에 따라 요구되는 절차가 다를 수 있어, 사용자마다 설정 방법이 달라질 수 있습니다.

스마트폰 시계 크게 하기
잠금화면, 위젯

영상 QR 코드

스마트폰 화면을 켰을 때, 바로 볼 수 있는 시계가 작고 화면 한 구석에 있어서 한눈에 안 들어와 불편했던 적 있나요? 여기서는 스마트폰 화면에서 시계를 크게 보는 방법에 대해서 안내하겠습니다. 잠금화면에서도 크게 볼 수가 있고, 스마트폰을 사용할 때도 크게 볼 수 있는 방법입니다. 시계 외에도 캘린더와 같은 위젯 추가 등 맞춤형 설정을 통해 내 취향에 맞는 스마트폰을 만들어 더욱 편리하게 사용하는 방법에 대해 알아보겠습니다.

'이 꿀팁' 언제 쓸까?

- 내 취향대로 스마트폰 화면의 시계를 변경할 때
- 날씨, 일정, 뉴스 등 정보를 빠르게 확인할 때
- 음악 재생 및 제어를 홈 화면에서 간편하게 할 때
- 배터리 상태나 데이터 사용량을 실시간으로 확인할 때
- 건강 정보(걸음 수, 심박수 등)를 홈 화면에서 바로 볼 때

1 홈 화면에 시계 위젯 크게 설정하기

눈이 침침해 시계가 잘 안 보이는 분들, 특히 우리 부모님께 꼭 필요한 기능을 소개해드릴게요. 바로 홈 화면에 **크고 선명한** 시계를 띄우는 방법입니다. 한 번만 간단히 설정해두면, 언제든지 큰 글씨로 시간을 확인할 수 있어요. 지금 바로 함께 해볼까요?

메뉴 미리 준비   홈 화면

>> ❶ 홈 화면에 손가락을 대고 아래에서 위로 올려주세요.
❷ [시계] 앱을 손가락으로 계속 눌러줍니다.

>> [위젯] 터치
위젯은 홈 화면에 배치해서 실시간으로 정보를 보여주는 앱입니다.

>> [디지털 시계] 클릭 ➡ [추가] 클릭
다양한 시계 모양이 보입니다. 원하는 시계 모양을 선택하여 추가해보세요.

《 홈 화면에 시계 위젯이 만들어졌습니다. 시계 양쪽 동그라미를 누르고 바깥쪽으로 쭈욱 잡아당기세요.

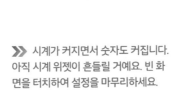

》》 시계가 커지면서 숫자도 커집니다. 아직 시계 위젯이 흔들릴 거예요. 빈 화면을 터치하여 설정을 마무리하세요.

2 시계 위젯 모양 바꾸기

시계 위젯 모양을 자유롭게 바꿀 수 있어요. 바늘 시계, 디지털 시계 등 종류는 물론 크기도 다양하게 선택할 수 있습니다. 이제 시계 위젯 모양을 바꾸는 방법을 알아보겠습니다.

메뉴 미리 준비   홈 화면

》》 시계 위젯을 꾹 누르고 있으면 창이 하나 보입니다. 여기서 [설정] 터치

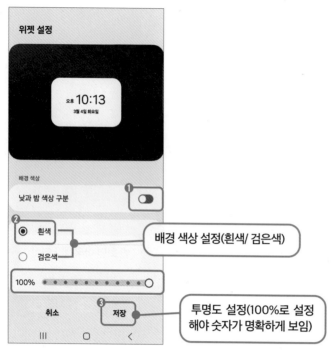

위젯 설정

배경 색상

낮과 밤 색상 구분 ❶

❷ ◉ 흰색
  ○ 검은색

배경 색상 설정(흰색/ 검은색)

100%

취소   ❸ 저장

투명도 설정(100%로 설정
해야 숫자가 명확하게 보임)

⟫ ❶ [낮과 밤 색상 구분]을 왼쪽으
로 터치해 비활성화 ➡ ❷ [흰색] 터치
➡ ❸ [저장] 터치

흰색 배경으로
변경 완료

⟫ 시계 위젯의 배경 색상은 흰색으
로, 투명도도 100%로 설정하여 글자가
잘 보이도록 바뀌었네요.

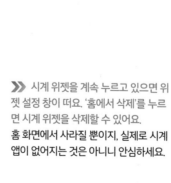

⟪ 시계 위젯을 누른 상태에서 상하
좌우로 이동해 위치를 변경할 수도 있
어요.

⟫ 시계 위젯을 계속 누르고 있으면 위
젯 설정 창이 떠요. '홈에서 삭제'를 누르
면 시계 위젯을 삭제할 수 있어요.
홈 화면에서 사라질 뿐이지, 실제로 시계
앱이 없어지는 것은 아니니 안심하세요.

3 잠금화면에서 시계 위젯 크게 설정하기

이번에는 스마트폰 잠금화면에 시계를 크게 설정하는 방법을 알아보아요.

메뉴 미리 준비   홈 화면

≫ ❶ 홈 화면에서 손가락을 대고 아래로 내려주세요. ➡ ❷ [설정] 앱 실행

≫ [잠금화면 및 AOD] 터치

≫ [잠금화면 편집] 터치

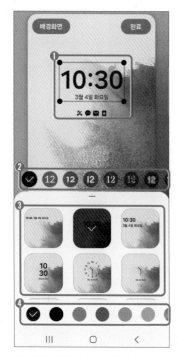  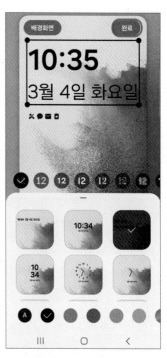

>> 잠금화면 모습을 편집할 수 있는 화면이 보여요. 설정할 ❶ 시간, ❷ 글자 모양, ❸ 시계 모양, ❹ 글씨 색상을 선택합니다.

>> 모서리의 점을 당기거나 밀어서 크기를 조절할 수 있습니다. 모서리 점을 바깥쪽으로 당겨서 더 키워봤습니다.

>> 원하는 모양을 선택한 다음 [완료] 버튼을 터치하여 설정을 완료하세요.

4 더 쉽게 위젯을 설치하는 꿀팁, 캘린더 설치

위젯을 더 쉽게 설치하는 방법이 있습니다. 캘린터 위젯을 직접 설치해보면서, 그 과정을 함께 알아보겠습니다.

[메뉴 미리 준비] 홈 화면

>> 바탕화면에서 빈 공간을 꾹 눌러 주세요.

>> 화면이 작아지면서 아래에 위젯이 보입니다. [위젯] 터치

>> [캘린더 터치]
사용할 수 있는 위젯 목록이 보입니다. 여기서 '캘린더'를 눌러 위젯을 설치합니다.

<< 마음에 드는 캘린더 선택 ➡ [추가] 터치

>> 이제 바탕화면에 캘린더 위젯이 보입니다. 마지막으로 아무것도 없는 부분을 한 번 터치해야 설정이 완료된다는 점 잊지마세요.

홈 화면의 아무것도 없는 부분 터치하여 위젯 추가 완료하기

스마트폰 위치 1초 만에 찾기
"빅스비 스마트폰 찾아줘!"

영상 QR 코드

"내 스마트폰 어디에 있지?" 하며 한 번쯤 찾아 헤맨 적 있나요? 방금 여기 있었는데, 갑자기 보이지 않아 당황했던 경험, 다들 있을 겁니다. 놀랍게도 우리가 가진 스마트폰에는 "스마트폰 찾아줘"라고 소리치면, 자동으로 소리를 내면서 자기 위치를 알려주는 숨겨진 기능이 있습니다. 이 기능은 별도의 앱 설치 없이 간단한 설정만으로 활성화할 수 있습니다. 바로 빅스비를 활용한 기능입니다. 평소에는 빅스비를 잘 사용하지 않았지만, 이번 기회를 통해 생각보다 편리한 점을 느껴 자주 사용하게 될 겁니다.

'이 꿀팁' 언제 쓸까?

- 스마트폰 찾을 때
- 음성 명령으로 전화, 메시지, 알람 등을 설정할 때
- 날씨, 일정, 뉴스 등 정보를 빠르게 확인할 때
- 스마트폰 기능을 손대지 않고 제어할 때
- 앱 실행 및 복잡한 작업을 자동화할 때

빅스비 호출 설정 및 목소리 등록하기

1

빅스비를 활용하려면 먼저 접근 권한을 승인하고, 사용자의 목소리를 등록해야 합니다. 이 간단한 설정 과정을 통해 빅스비가 여러분의 명령을 정확하게 인식하고 빠르게 반응할 수 있게 됩니다.

 빅스비 호출 설정하기

먼저 빅스비를 사용하기 위해 접근 권한을 승인하는 작업을 진행하겠습니다.

메뉴 미리 준비 　 홈 화면

▶▶ ❶ 홈 화면에서 손가락을 대고 아래로 내려주세요. ➡ ❷ [설정] 앱 실행

▶▶ 검색창에 [빅스비] 입력 ➡ [빅스비 설정] 터치

▶▶ [계속] 터치
처음 실행하면 접근 권한을 요청합니다.

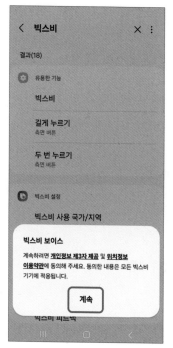

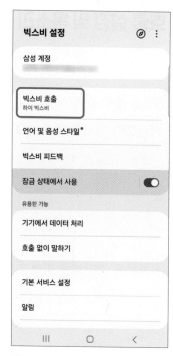

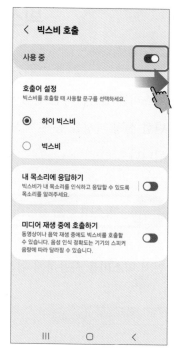

>> [계속] 터치

>> [빅스비 호출] 터치

>> 비활성화되어 있다면 [사용 중]으로 변경해주세요. 그림처럼 보이면 활성화 상태입니다.

 목소리 등록하기

빅스비가 목소리를 정확하게 인식할 수 있도록, 내 목소리를 등록하는 작업을 진행하겠습니다.

메뉴 미리 준비   홈 화면 ➡ [설정] 앱 실행 ➡ '빅스비 호출' 검색 ➡ 빅스비 호출

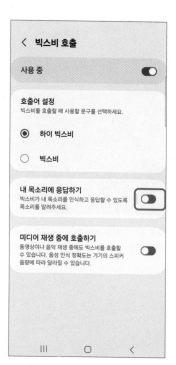

>> [내 목소리에 응답하기] 터치

제가 도울 수 있도록 당신의
목소리를 알려주세요.

녹음 중에 이어폰이나 블루투스 기기가 연결되면,
성능과 관련된 문제가 발생할 수 있습니다.

시작

>> [시작] 터치
스마트폰에 목소리를 등록하세요.

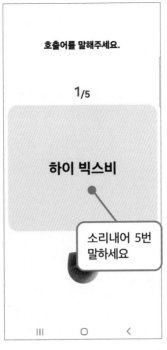

호출어를 말해주세요.

1/5

하이 빅스비

소리내어 5번
말하세요

>> 안내에 따라 "하이 빅스비"라고 다
섯 번 소리내어 말합니다.

좋아요!
이제 "하이 빅스비"
라고 말하면 언제든
저와 대화할 수 있어요.

호출어 음성 분석을 허용하면 빅스비가 당신의
목소리에 더 잘 반응할 수 있어요.

❶ 호출어 음성 분석 동의 자세히 보기

완료 ❷

>> 목소리 등록이 완료되면 ❶ [호출
어 음성 분석 동의 자세히 보기] 선택 ➡
❷ [완료] 터치

<< [홈 버튼] 터치

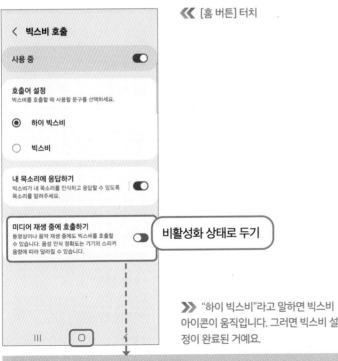

< 빅스비 호출

사용 중

호출어 설정
빅스비를 호출할 때 사용할 문구를 선택하세요.

◉ 하이 빅스비

○ 빅스비

내 목소리에 응답하기
빅스비가 내 목소리를 인식하고 응답할 수 있도록
목소리를 알려주세요.

미디어 재생 중에 호출하기
동영상이나 음악 재생 중에도 빅스비를 호출할
수 있습니다. 음성 인식 정확도는 기기의 스피커
음량에 따라 달라질 수 있습니다.

비활성화 상태로 두기

>> "하이 빅스비"라고 말하면 빅스비
아이콘이 움직입니다. 그러면 빅스비 설
정이 완료된 거예요.

3°
서울
현재 이 지역에 약간
강한 바람이 불고 있어요

빅스비 아이콘

더 빠르고 향상된 빅스비 경험을 제공하기
위해 기기에서 데이터 처리 기능을 자동으로
켰습니다.

TIP '미디어 재생 중에 호출하기'는 비활성화된 상태 그대로 두세요! 동영상이나 음악 재생 중에 호출하면 정말 시도 때도 없이
빅스비가 반응할 수도 있어요.

2 빅스비를 이용한 스마트폰 찾기 설정하기

빅스비에게 "내 스마트폰을 찾아줘"라는 명령을 내릴 수 있
도록 설정할 차례입니다.

메뉴 미리 준비   홈 화면

>> ❶ 홈 화면에서 손가락을 대고 아
래로 내려주세요. ➡ ❷ [설정] 앱 터치

'빅스비 설정' 검색

>> 검색창에 '빅스비 설정' 입력 ➡
[빅스비 설정] 터치

>> 빅스비 설정 위쪽에 [⋮] 터치

>> [단축 명령어] 터치

≪ [+] 터치

≫ 빅스비가 음성 인식할 수행 명령어를 등록합니다.
❶ '내 스마트폰 찾아줘'라고 입력하거나, 오른쪽 마우스를 클릭해 음성으로 명령을 입력하세요.
❷ [**+**] 터치하여 명령어 추가

≫ ❶ [1초 타이머 시작]이라고 타이핑하거나, 음성으로 입력 ➡ ❷ [완료] 터치

≫ ❶ [저장] 터치 ➡ ❷ [◯] 터치

≫ 등록한 음성 명령어를 말하면 위치를 찾을 수 있도록 알람이 울립니다.

이제 음성 명령으로 숨겨진 스마트폰도 쉽게 찾을 수 있게 되었네요!

3 빅스비 음성 인식 향상시키기

놀라운 점은 빅스비를 사용할수록 목소리를 더욱 정확하게 인식한다는 것입니다. 다만, 인식 능력이 향상되려면 시간이 걸릴 수 있으니, 빠르게 목소리 인식을 개선하는 방법을 알려 드리겠습니다.

메뉴 미리 준비   홈 화면

>> ❶ 홈 화면에서 손가락을 대고 아래로 내려주세요. ➡ ❷ [설정] 앱 실행

'빅스비 설정' 검색

>> 검색창에 '빅스비 설정' 입력 ➡ [빅스비 설정] 터치

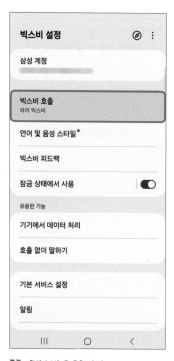

>> [빅스비 호출] 터치

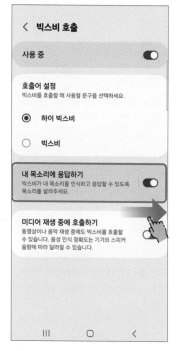

>> [내 목소리에 응답하기] 활성화

>> [음성 호출 정확도 향상] 터치

>> [시작] 터치

>> "하이 빅스비"라고 소리내어 두 번 말합니다.

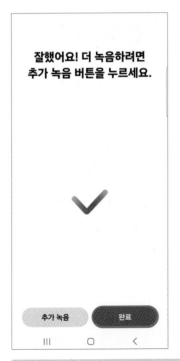

<< [완료] 터치
그러면 '추가 녹음'을 할지 이대로 '완료' 할지 선택합니다. '추가 녹음'을 하면 내 목소리를 더 잘 인식할 확률이 올라갑니다.

>> 참고로 '음성 호출 민감도'를 조절할 수 있어요. 민감도가 높을수록 음성을 민감하게 인식해요.

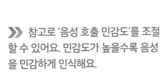

TIP 민감도가 너무 높으면 빅스비를 부른 적이 없는데 빅스비 혼자서 반응하기도 합니다. 그러므로 민감도는 중간 정도로 설정해두는 것이 적당합니다.

스마트폰 분실했을 때 30초 만에 찾기

위치 추적, 원격 잠금, 삼성 파인드

갤럭시 전용

영상 QR 코드

"이 설정은 꼭! 미리 해두세요!"

이 기능은 스마트폰을 잃어버렸을 때 신속하게 찾을 수 있는 방법으로, 간단한 설정만으로 큰 도움이 될 겁니다. 술을 많이 마시고 스마트폰을 차에서 놓고 내렸거나, 화장실에서 손을 씻고 왔는데 갑자기 스마트폰이 보이지 않는 경험, 다들 한 번쯤은 있을 거예요. 심지어 무음 모드일 때는 더욱 찾기 어려워지죠. 이 기능은 무음 모드일 때 특히 유용합니다. 간단한 설정 하나만 해두면, 스마트폰을 잃어버렸을 때 쉽게 찾아낼 수 있으니, 직접 실습하며 바로 확인해보기 바랍니다.

'이 꿀팁' 언제 쓸까?

- 분실한 스마트폰의 위치를 확인할 때
- 원격으로 스마트폰을 잠그거나 데이터를 삭제할 때
- 스마트폰에서 경고음을 울려 위치를 찾을 때
- 스마트워치, 태블릿 등 연동된 삼성 기기 위치를 확인할 때

1 '내 디바이스 찾기' 기능 설정 알아보기

위치 찾기 기능을 설정하면서 도난 방지 기능도 함께 활성화할 수 있습니다. 따라서 설정 과정을 '분실 기기 보호하기', '원격 잠금/해제 기능 설정하기', '삼성에 스마트폰 등록하기' 이세 단계로 나누어 자세히 살펴보겠습니다. 간단한 설정만 해두면 스마트폰을 빠르게 찾을 수 있을 뿐 아니라, 타인이 무단으로 사용하지 못하도록 원격 잠금 기능까지 제공되니 더욱 안전하게 사용하기 위해 이 기능을 활용해보세요.

 분실 기기 보호 확인하기

분실 기기 보호 기능은 스마트폰 분실 시 원격으로 위치를 추적하고, 화면 잠금, 벨소리 울리기 등을 통해 기기를 보호할 수 있는 기능입니다. 삼성 계정에 로그인되어 있어야 하며, '내 디바이스 찾기(Find My Mobile)' 기능을 통해 사용할 수 있습니다. 분실 시 기기를 빠르게 찾고, 개인 정보를 보호할 수 있도록 도와줍니다.

메뉴 미리 준비   홈 화면

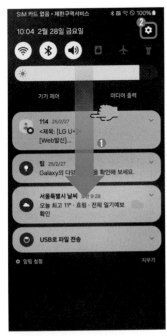

▶▶ ❶ 화면 위에서 아래로 쓸어내리고 ➡ ❷ [설정] 앱 실행

▶▶ [보안 및 개인 정보 보호] 터치

▶▶ [분실 기기 보호] 터치

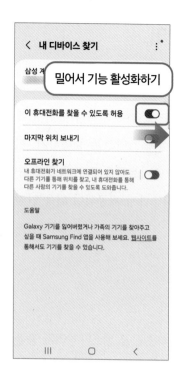

밀어서 기능 활성화하기

《《 [이 휴대전화를 찾을 수 있도록 허용] 터치
[이 휴대전화를 찾을 수 있도록 허용]이 기본값으로 활성화되어 있을 겁니다. 활성화되어 있지 않다면 터치하여 활성화하세요.

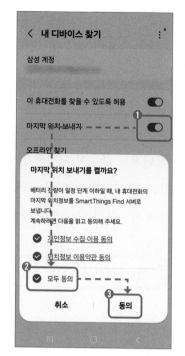

》》 ❶ [마지막 위치 보내기] 활성화 ➡ ❷ [모두 동의] 선택 ➡ ❸ [동의] 터치
마지막 위치 보내기는 스마트폰 배터리 잔량이 일정 단계 이하일 때 스마트폰 위치 정보를 스마트싱스 파인드(SmartThings Find) 서버로 보내는 기능입니다.

《《 [오프라인 찾기] 터치
오프라인 찾기 기능은 내 스마트폰이 통신사 네트워크에 연결되어 있지 않아도 다른 사람의 갤럭시 스마트폰으로 찾을 수 있는 기능입니다.

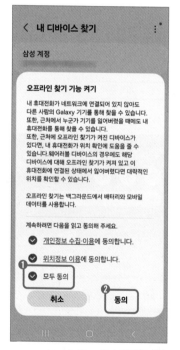

》》 ❶ [모두 동의] ➡ ❷ [동의] 터치

 원격 잠금/해제 기능 설정하기

앞의 설정에 이어서 원격 잠금/해제 기능 설정을 진행하겠습니다.

메뉴 미리 준비   홈 화면 ➡ [설정] 앱 실행 ➡ 보안 및 개인 정보 보호

≫ [기타 보안 설정] 터치

≫ [도난 방지] 터치

≫ [도난 감지 잠김] 터치하여 활성화

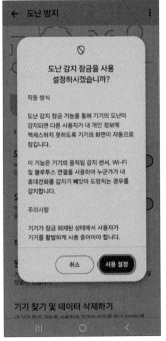

≪ [사용 설정] 터치
이렇게 하면 누군가 내 스마트폰을 낚아 채 가는 등 도난당했을 때 화면이 자동으로 잠깁니다.

≫ [오프라인 기기 잠금] 터치하여 활성화

≫ [사용 설정] 터치
이제 스마트폰이 오프라인 상태가 되면
기기가 잠금화면으로 전환됩니다.

≫ [원격 잠금] 터치

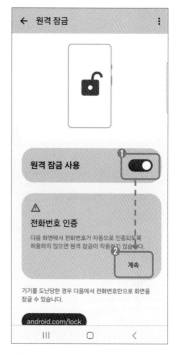

≫ ❶ [원격 잠금 사용] 터치하여 활성화 ➡ ❷ [계속] 터치

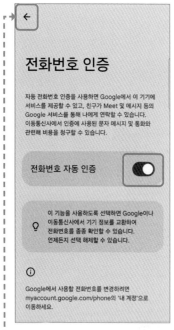

≫ 전화번호 자동 인증을 위해 안내에 따라 지문 등을 이용해 [전화번호 자동 인증]을 활성화 ➡ [←]를 두 번 연속 터치하여 화면을 이동합니다.

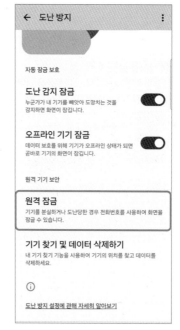

≫ [원격 잠금] 터치

≫ [원격 잠금해제] 활성화 ➡ [동의]

≪ 패턴을 한 번 입력해주세요.

≫ [원격 잠금 사용] 활성화
'원격 잠금 사용'이 비활성화되어 있다면
그림과 같이 활성화해주세요.

TIP '원격 잠금 해제 기능'을 켜면 내 비밀번호 또는 패턴이 삼성 계정에 저장
되어서, 혹시라도 내가 스마트폰을 잃어버렸을 때 내 스마트폰을 자동으로 잠그거나 열
수 있어요.

 삼성 스마트싱스 파인드에 스마트폰 등록하기

이로써 스마트폰에서 설정을 마쳤습니다. 이제 삼성 스마트
싱스 파인드에 기기 설정을 등록하면 됩니다.

메뉴 미리 준비   홈 화면

≫ [크롬] 앱 실행

>> ❶ 브라우저에서 '스마트싱스 파인드'를 검색 ➡ ❷ 검색 결과에서 [Samsung Find] 터치

>> [허용] 터치
삼성에서 알림을 보낼지 묻습니다.

>> [허용] 터치
크롬에서 알림을 보내도록 허용할지를 묻습니다.

>> [시작하기] 터치

>> [Galaxy 기기로 로그인] 터치
삼성 스마트싱스 파인드와 기기를 연결하기 위해 갤럭시 기기로 로그인합니다.

>> [확인] 터치

《《 [동의] 터치

》》 [동의] 터치

《《 ❶ 내 스마트폰 이름을 터치 ➡
❷ [소리 울리기]를 터치
드디어 내 스마트폰의 현재 위치가 지도
에서 보입니다.

》》 [시작] 터치
그러면 해당 스마트폰이 무음이거나 진
동이더라도 1분 동안 최대 음량으로 벨
소리가 울립니다.

원격으로 스마트폰 잠그기

삼성 계정으로 로그인하여 내 스마트폰을 찾는 방법을 알아보았습니다. 이 방법은 '소리 울리기'를 포함해 총 6가지 기능을 제공하는데요. '소리 울리기' 기능은 이미 확인했으니 이번에는 스마트폰 '분실 모드' 기능을 집중적으로 살펴보겠습니다. 이 과정은 앞의 예제에 이어서 진행되며, 스마트폰을 잃어버린 상황을 가정하고 실습은 PC를 통해 진행해주세요.

메뉴 미리 준비   PC에서 웹 브라우저로 삼성 파인드(samsungfind.samsung.com) 접속

삼성 파인드의 6가지 기능

《《 [분실 모드] 터치
여러 기능 중 분실 모드를 실습해보겠습니다.

》》 비밀번호 입력 **→** [확인] 터치

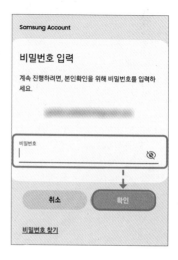

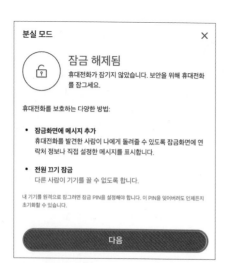

》》 지금은 스마트폰이 잠겨 있지 않다는 안내가 보입니다. 확인하고 [다음] 클릭

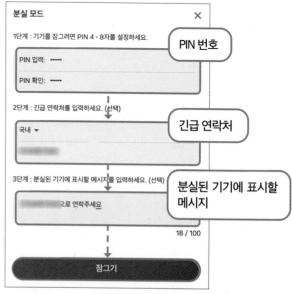

PIN 번호

긴급 연락처

분실된 기기에 표시할 메시지

》》 PIN 번호, 긴급 연락처, 분실 기기에 표시할 메시지 입력

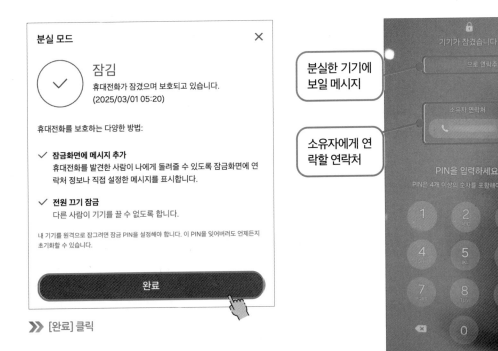

[완료] 클릭

>> 스마트폰을 보면 입력한 메시지와
소유자 전화번호가 보입니다.

T I P 소유자 연락처는 PIN 번호를 입력하지 않아도 해당 전화로 연락이 가능
합니다.

🧑 **온선 노트**

'삼성 파인드(Samsung Find)' 기능에 대해 알아봐요!

- 소리 울리기 : 분실한 기기의 위치를 파악할 수 있도록 1분간 최대 볼륨으로 벨소리를 울려 정확한 위치를 파악할 수 있도록 도와줍니다.
- 새로고침 : 기기의 현재 상태 및 위치 정보를 업데이트합니다.
- 분실 모드 : 기기를 잠그고 분실 메시지를 표시하여 보호합니다.
- 위치 추적 : 기기의 실시간 위치를 지도에서 확인합니다.
- 데이터 삭제 : 기기의 모든 데이터를 원격으로 초기화합니다.
- 배터리 시간 늘리기 : 절전 모드를 활성화해 배터리 사용 시간을 연장합니다.

3 스마트폰 위치 추적하기

삼성 파인드에서 제공하는 6가지 기능 중, 이번에는 위치 추적 기능을 자세히 살펴보겠습니다. 위치 추적 기능은 15분 간격으로 기기의 위치를 업데이트하여 분실된 스마트폰의 위치를 지속적으로 파악할 수 있도록 도와줍니다. 이 과정은 앞의 예제에 이어서 진행되며, 실습은 PC를 통해 진행해주세요.

메뉴 미리 준비   PC에서 브라우저로 삼성 파인드(samsungfind.samsung.com) 접속

≪ [위치 추적] 터치

≫ [시작] 터치
그러면 15분 간격으로 위치를 확인해
보여줍니다.

4 삼성 계정 로그인 정보 잊어버렸을 경우를 대비한 설정해두기

지금까지 삼성 계정으로 스마트폰을 찾는 방법에 대해 알아보았습니다. 그런데 삼성 계정 정보를 잊어버리면, 애초에 스마트폰을 찾는 시도조차 할 수 없게 됩니다. 삼성 계정에 로그인할 때 보통 2단계 인증을 해야 하는데, 스마트폰을 분실하면 스마트폰으로 2단계 인증을 진행할 수 없기 때문입니다. 결국 로그인을 하지 못해 스마트폰을 찾을 수 없게 되는 상황이 발생하죠. 이 문제를 해결하기 위해, 미리 2단계 인증 문제에 대비하는 방법이 필요합니다. 코드와 문자 메시지를 받을 전화번호를 변경하는 등 그 방법에 대해 차례대로 알아보고 대비해봅시다.

 2단계 인증용 코드 저장해두기

스마트폰을 분실하거나 배터리가 방전되어 인증 수단을 사용할 수 없게 되면, 계정에 접근이 어려워집니다. 이를 대비해 삼성 계정의 '보안 및 개인 정보 보호'의 2단계 인증에서 백업용 인증 코드(복구 코드)를 미리 발급받아 저장해 둘 수 있습니다.

메뉴 미리 준비

> 홈 화면 ➡ [설정] 앱 실행

>> [삼성 계정] 클릭

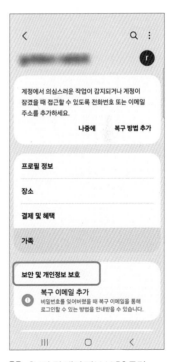

>> [보안 및 개인 정보 보호] 클릭

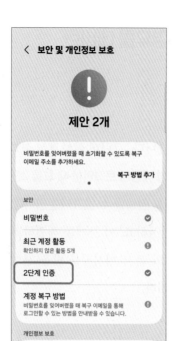

《 [2단계 인증] 터치

》》 [백업 코드] 터치

TIP 처음 이 화면에 접속하면 삼성 계정에 로그인하는 화면이 나타나며, 비밀
번호를 입력하여 로그인하면 됩니다.

《 그러면 코드 여러 개가 보여요. 여
기에 보이는 코드를 사용하면 임시로 삼
성 계정에 로그인할 수 있어요.

TIP 스마트폰을 분실했을 경우를 대비하여 다
른 곳에 백업 코드를 저장해두는 것을 추천합니다.

2단계 인증 보낼 스마트폰 번호 바꾸기

'2단계 인증 보낼 스마트폰 번호 바꾸기'는 삼성 계정에 등록된 2단계 인증용 스마트폰 번호를 변경하는 기능입니다. 스마트폰을 분실 또는 사용할 수 없는 상황이라면 인증 코드를 받기 위해 번호를 바꿔야 합니다.

메뉴 미리 준비 　홈 화면 ➜ [설정] 앱 실행 ➜ 보안 및 개인 정보 보호 ➜ 2단계 인증

≪ [문자 메시지(1)]을 터치
'문자 메시지(1)'은 문자를 받을 스마트폰 번호가 하나라는 뜻으로, 기본적으로 내 스마트폰 번호가 저장되어 있습니다.

≫ [추가] 터치
스마트폰을 잃어버렸을 때를 대비해서 다른 스마트폰 번호(가족)를 적어주세요. 그러면 스마트폰을 잃어버려도 삼성 계정에 로그인할 수 있어요.

로그인 가능한 계정으로 구글 등록하기

마지막으로 삼성 계정의 비밀번호를 잊어버렸더라도 다른 이메일 계정이 있다면 로그인이 가능한 방법을 소개해드리겠습니다. 이 방법을 활용하면 비밀번호를 모르는 상황에서도 대체 이메일을 통해 삼성 계정에 접근할 수 있어, 분실이나 도난 상황 등 긴급할 때 유용하게 사용할 수 있습니다.

메뉴 미리 준비 ▶ 홈 화면 ➡ [설정] 앱 실행

▶▶ [삼성 계정] 터치

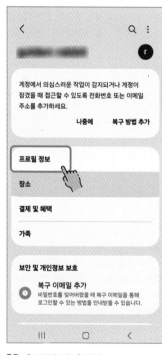

▶▶ [프로필 정보] 터치

▶▶ 로그인 가능한 계정을 활성화
여기서는 구글 계정을 활성화해뒀어요.
이렇게 구글 계정과 삼성 계정을 연동해두면 곤란한 상황에 더 수월하게 삼성 계정에 로그인할 수 있어요.

지금까지 간단한 설정만으로 잃어버린 스마트폰을 찾을 수 있는 방법에 대해 알아봤습니다. 예전에 공인인증서와 개인 정보가 들어 있는 스마트폰을 잃어버려 정말 큰 걱정을 했던 경험이 있는데요, 이 방법을 미리 알았다면 그렇게 골머리를 앓지 않았을 거예요. 이 팁은 특히 유용하니, 반드시 설정해두고 주변에도 많이 공유해주세요.

CHAPTER

10

설정 한 번으로 화면 캡처 평생 쉽게 끝내기

스크린샷, 화면 캡처, 캡처 파일 태그

갤럭시 전용

영상 QR 코드

여러분, 스마트폰 사용할 때 캡처 어떻게 하세요? 보통 손바닥 옆면을 움직여 캡처하거나 볼륨 키와 홈 버튼을 동시에 눌러 캡처하죠? 그렇게 하는 방식이 편리한 분도 있겠지만, 저는 타이밍을 놓치기도 하고 때로는 캡처된 화면이 보이지 않아 당황했던 경험이 많았습니다. 이제부터 소개하는 방법으로 캡처하면, 캡처 때문에 스트레스 받을 일이 없을 겁니다. 굉장히 간단한 방법이니, 바로 한 번 시작해볼게요!

'이 꿀팁' 언제 쓸까?

- 화면 캡처나 화면 잠금을 빠르게 실행할 때
- 홈 버튼, 뒤로 가기 등 주요 기능을 쉽게 사용할 때
- 물리적인 버튼 대신 소프트 키로 조작할 때
- 한 손 사용이 어려운 상황에서 조작할 때
- 손가락 제스처로 자주 사용하는 기능에 접근할 때

1 보조메뉴를 활용한 간편한 스크린샷 설정하기

이제부터 편리하게 화면 캡처하는 방법으로 보조메뉴를 소
개합니다. 먼저 설정 방법을 알아보겠습니다.

메뉴 미리 준비   홈 화면

>> ❶ 홈 화면에서 손가락을 대고 아
래로 내려주세요. ➡ ❷ [설정] 앱 실행

보조메뉴 검색

>> ❶ [보조메뉴] 검색 ➡ ❷ [보조메
뉴] 터치

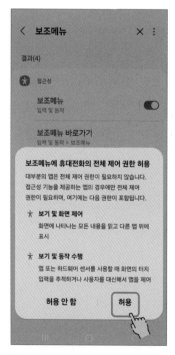

>> [허용] 터치

>> ❶ [보조메뉴]가 활성화되어 있음
을 확인, '보조메뉴'가 활성화되어 있으
면 '보조메뉴' 아이콘이 보입니다. ➡
❷ [🆔] 터치

≪ [보조메뉴 ⊞] 아이콘이 보입니다. '보조메뉴'에 있는 기능을 누르면 곧바로 스크린샷이 실행되게 항목을 선택해보겠습니다.

≫ [보조메뉴 항목 선택] 터치

≪ 다양한 기능을 하는 아이콘이 나타납니다. ❶ '-'와 ❷ '+' 기호가 보이죠? '-' 기호는 바로가기 메뉴에서 제거, '+'는 추가입니다.

≫ ❶ 스크린샷 빼고 모두 '-' 기호를 눌러 제거 ➡ ❷ [〈] 터치

TIP 실수로 잘못 지웠거나 필요한 기능이 있다면 +를 눌러 기능을 추가하면 됩니다.

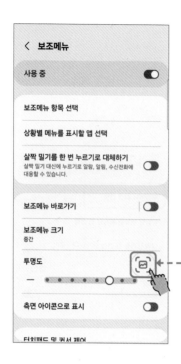

≪ 이제 ⊞ 아이콘이 있던 자리에 ⓔ 아이콘이 보일 거예요. 이제 이 버튼을 누르면 화면 캡처가 됩니다. 그런데, 이 아이콘이 늘 화면을 가리면 그건 또 답답하겠죠?

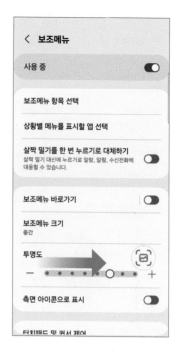

≫ 투명도 동그라미를 오른쪽으로 이동해보세요. 그러면 ⓔ 아이콘이 흐리게 보여요. 아이콘의 투명도를 조절하여 화면을 가리는 불편함을 해소하세요.

2 보조메뉴 크기 변경과 숨기기

초간단 스크린샷을 찍을 준비가 되었습니다. 항상 화면에 보이는 보조메뉴 아이콘을 클릭하기만 하면 스크린샷을 찍을 수 있죠. 그런데 이 보조메뉴가 화면에 계속 떠 있으니 보기 좋지 않고 다소 거슬릴 수 있습니다. 그렇다면 이 문제를 어떻게 해결할 수 있을까요? 해결 방법을 지금부터 알아보겠습니다.

 보조메뉴 아이콘 크기 조절하기

보조메뉴 아이콘이 너무 크다고 느껴지나요? 걱정하지 마세요. 이 아이콘의 크기는 조절할 수 있습니다. 지금부터 아이콘을 작게 만드는 방법을 알아보겠습니다.

메뉴 미리 준비   홈 화면

≫ ❶ 홈 화면에서 손가락을 대고 아래로 내려주세요. ➡ ❷ [설정] 앱 터치

>> ① [보조메뉴] 검색 ➡ ② [보조메뉴] 터치

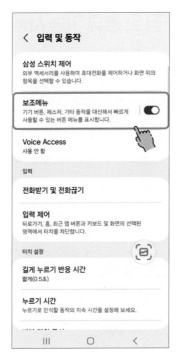

>> [보조메뉴] 터치

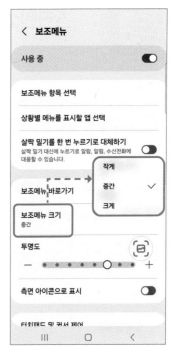

>> [보조메뉴 크기] 터치

>> ① 화면 캡처 아이콘 크기가 조절되었는지 확인 ➡ ② 보조메뉴 아이콘 숨김 처리를 위해 [측면 아이콘으로 표시] 터치하여 활성화

>> 측면을 터치하면 아이콘이 보입니다. 사용할 때만 측면을 누르면 보이니, 한 번 설정해보세요.

>> 측면 터치를 하니 다시 화면 캡처 버튼이 보입니다. 이 버튼을 누르면 캡처가 됩니다.

갤럭시 스마트폰 숨어있는 기능 꿀팁(2)

10 설정 한 번으로 화면 캡처 평생 쉽게 끝내기

3 스크린샷 편집 및 공유 기능 사용하기

스크린샷을 찍고 나면 바로 이미지를 편집할 수 있는 기능이 있습니다. 스크린샷을 찍으면 화면 아래에 잠깐 메뉴가 나타났다가 사라지는데, 이 메뉴가 사라지기 전에 편집 아이콘을 누르면 됩니다. 이제부터 자세히 알아보겠습니다. 앞의 예제에 이어서 진행되지만, 이미 다른 화면으로 빠져나갔더라도 괜찮습니다. 캡처 아이콘은 언제든지 보이니, 순서만 잘 따라오면 손쉽게 사용법을 익힐 수 있습니다.

메뉴 미리 준비 홈 화면 ➡ [설정] 앱 실행 ➡ 보조메뉴

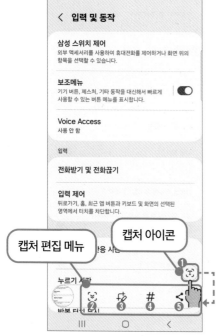

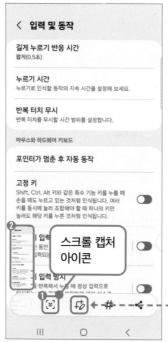

▶▶ ❶[캡처 ⊙]를 터치하여 스크린샷을 찍었을 때, 캡처 기능 외에 다양한 기능을 제공하는 캡처 편집 메뉴가 나타났다 사라집니다. ❷스크롤 캡처, ❸그리기, ❹태그, ❺공유 기능입니다. 각 기능을 실습해볼게요.

▶▶ ❶[스크롤 캡처 ⟱]를 터치하면 ❷화면에 보이지 않는 영역까지 캡처가 됩니다.
인터넷 화면처럼 한 화면을 넘는 내용을 한 번에 캡처할 때 유용합니다.

▶▶ [자르기 ⟳]를 터치하면 스크린샷 영역을 조절할 수 있습니다. ❶두껍게 표시된 'ㄱ'자 모양선을 이용해 크기를 조절해보세요. 이 외에도 ❷펜 종류 ❸공유, ❹저장 아이콘도 보입니다.

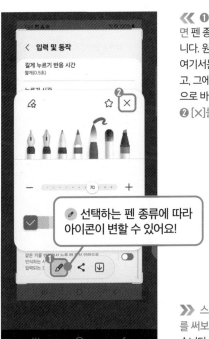

≪ ❶ [펜 종류 아이콘 🖋]을 터치하면 펜 종류, 두께, 색상을 선택할 수 있습니다. 원하는 조합을 골라 선택하세요. 여기서는 붓 모양, 두께 70, 빨강을 골랐고, 그에 따라 펜 종류 아이콘도 붓 모양으로 바뀌었습니다. 선택을 완료한 다음 **❷** [X]를 터치해 창을 닫습니다.

🖋 선택하는 펜 종류에 따라 아이콘이 변할 수 있어요!

≫ 스크린샷 화면 위에 원하는 글씨를 써보세요. '안녕'이라고 글씨를 써봤습니다.

지울 영역을 지우개 아이콘으로 문지르세요

≪ ❶ [지우개 🖋] 터치 ➡ **❷** 원하는 곳 문질러 제거
쓴 글씨를 지우고 싶다면 지우개 아이콘을 이용하세요.. 여기서는 '녕' 자를 지워봤습니다.

되돌리기

≫ [실행 취소 ↶] 터치
실수로 잘못 지웠나요? 걱정 마세요!
↶을 누르면 최근 실행한 순서대로 되돌릴 수 있습니다.

≪ ❶ [재실행 ↱] 터치하면 이전에 지웠던 동작을 다시 실행함으로, ❷ 일부가 다시 지워집니다.

≫ 다른 사람과 스크린샷 공유 ➡
❶ [공유] 터치
저장하고 싶다면 ➡ ❷ [저장] 터치
선택하면 캡처 편집이 완료됩니다.

4

내가 찍은 스크린샷 찾기

스크린샷은 어디에 저장되는 걸까요? 처음 찍는 분들이라면 내가 찍은 스크린샷을 어떻게 찾는지 막막할 수 있습니다. 이제부터 스크린샷을 찾는 방법을 자세히 알려드릴게요.

[메뉴 미리 준비]   홈 화면

≫ [갤러리] 앱 실행

≪ ❶ 오늘 찍은 사진
❷ [앨범] 터치
갤러리 앱은 오늘 찍은 사진을 제일 위에 보여줍니다. '앨범'을 누르면 기존에 찍은 다른 스크린샷도 볼 수 있습니다.

≫ [스크린샷] 터치
주요 앨범에서 '스크린샷'이 보이죠? 여기에서는 그동안 찍은 모든 스크린샷을 확인할 수 있어요.

5 찾기 쉽게 태그 기능 사용하기

스마트폰으로 사진을 워낙 많이 찍어서 저장하다 보니, 때로는 내가 찍은 사진을 찾고 싶어도 어떻게 찾을지 막막할 때가 있을 겁니다. 캡처해서 저장한 사진도 잊어버리기 쉽습니다. 그럴 때, 지금부터 소개할 태그 기능을 이용하면, 원하는 사진을 훨씬 쉽게 찾을 수 있습니다.

메뉴 미리 준비   [스크린샷] 캡처 ➡ [#] 아이콘 터치

≫ 스크린샷을 찍으면 나타나는 아래 메뉴에서 [#]를 터치하세요.

》 [허용] 터치
처음 사용할 때 권한 승인 요청에 대해
허용합니다.

》 ① [온선] 입력 ➡ ② [저장] 터치

》 [갤러리] 앱 실행

《 [돋보기 🔍] 터치

검색창에 '온선' 입력

》 ① 검색창에 [온선]을 입력하면
② '온선' 태그가 달린 사진을 보여줍니다.

평소에 스크린샷이나 캡처를 자주 활용하는 분이라면 이 기능을 꼭 한 번 이용해보세요. 아주
간단하게 캡처해둔 이미지들을 한눈에 확인할 수 있답니다.

긴급 상황에서 음성 녹음 몰래 하기

원터치 녹음, 잠금화면 자동 녹음

갤럭시 전용

영상 QR 코드

"아, 녹음해 놓을 걸, 걔가 뭐라고 했더라"라는 상황, 누구나 한 번쯤 경험해봤을 거예요. 현실에서는 상대방이 바로 눈앞에 있는데, 녹음 버튼을 누르는 건 쉽지 않습니다. 특히 상황이 긴박할 때는, 스마트폰을 꺼내 비밀번호를 입력하고, 음성 녹음을 실행하기란 더욱 어렵죠. 녹음할 때 이 방법 하나만 알아두면, 주머니에서 스마트폰을 꺼내지 않아도 간편하게 녹음을 시작할 수 있으니 평소에 굉장히 유용하게 사용할 수 있습니다.

'이 꿀팁' 언제 쓸까?

- 중요한 회의나 강의를 기록해야 할 때
- 아이디어나 메모를 음성으로 빠르게 남길 때
- 언어 학습 시 발음 연습을 녹음하여 피드백을 받을 때
- 음성 인터뷰나 팟캐스트를 제작할 때
- 긴급 상황에서 주변 소리를 증거로 남겨야 할 때

TIP 상대방의 동의 없이 음성 녹음하는 것이 불법이라고 생각할 수 있지만, 당사자인 본인이 참여하여 녹음하는 경우에는 불법이 아닙니다.

1 잠금화면 상태에서 음성 녹음 설정하기

먼저 앱을 설치하지 않고 간단하게 녹음할 수 있는 방법을
알려드릴게요. 이 방법은 잠금화면에서 톡톡 터치 몇 번만으
로 녹음을 시작할 수 있는 기능입니다.

메뉴 미리 준비   현재 화면

>> 꺼진 상태에서 스마트폰 화면을
두 번 터치

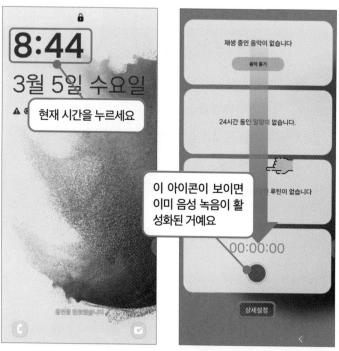

>> 현재 시간을 한 번 터치

>> [상세설정] 터치 ➡ 지문이나 패턴
으로 인증하여 잠금화면 풀기

>> [음성 녹음] 터치하여 활성화
이로써 설정은 끝났습니다.

2 초간단 음성 녹음 기능 사용하기

매우 간단하면서 바로 녹음할 수 있는 방법을 알아보겠습니다. 기능 설정을 완료했으니, 이제 스마트폰 화면이 꺼져 있는 상태에서 녹음을 시작하는 방법을 바로 확인해보도록 하죠.

메뉴 미리 준비   현재 화면

≫ 꺼진 상태에서 스마트폰 화면을 두 번 터치

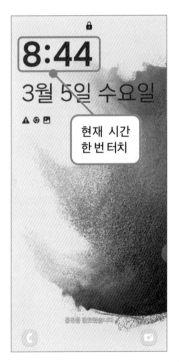

≫ 현재 시간을 한 번 터치

≫ 녹음 버튼 터치 ➡ 지문이나 패턴으로 인증하여 잠금화면 풀기

≪ 음성 녹음 기능을 처음 사용하면 음성 녹음 허용 권한을 요청하며 이에 따라 허용 범위를 선택합니다.
[앱 사용 중에만 허용]을 터치하세요.

>> [녹음 ●] 터치
빨간 원을 누르면 음성 녹음이 실행됩
니다.

>> [허용] 터치
처음 사용하면 음성 녹음 알림 허용 권
한을 요청합니다.

>> [일시정지 ❚❚] 터치
음성 녹음 중 가운데 아이콘으로 일시정
지와 재개를 할 수 있어요.

>> 음성 녹음에서 처음 일시정지를
하면 사용법을 안내합니다. 손가락으로
밀거나 당겨서 원하는 위치를 선택하여
녹음 시작 위치를 조정할 수 있습니다.
살펴봤다면 [확인] 터치

>> [정지 ■] 터치
음성 녹음을 마칩니다.

저장할 음성 파일
이름 입력

>> ❶ 음성 녹음 파일 이름 입력 ➡
❷ [저장] 터치하여 음성 파일 저장

3 잠금화면에서 톡톡 터치 방식이 안 되나요?

잠금화면에서 터치 방식으로 이동이 되지 않나요? 스마트폰 기종이나 안드로이드 버전에 따라 같은 갤럭시라도 지원하는 기능과 설정 방법이 조금씩 다를 수 있습니다. 이번에는 톡톡 터치 방법으로 통화 녹음 설정이 안 되는 분들만 참고해주세요.

메뉴 미리 준비   홈 화면

≫ ❶ 홈 화면에서 손가락을 대고 아래로 내려주세요. ➜ ❷ [설정] 앱 실행

≫ [잠금화면 및 AOD] 터치

≫ [위젯] 터치

≫ [음성 녹음] 활성화
이로써 설정은 끝났습니다.

주머니에 스마트폰을 넣은 상태에서 손을 빼지 않고도 녹음할 수 있는 기능이 있다고 안내한
적 있습니다. 앞서 소개한 방법들은 모두 주머니에서 손을 꺼내야 하는 방법이었어요. 그래서
'화면을 보지 않고도 녹음할 수 있는 방법은 없을까?'라고 고민하는 분들을 위해 이번에는 정
말 간편한 방법을 알려드릴게요. 이 방법은 삼성에서 제공하는 앱 하나를 설치하면 이용할 수
있습니다. 앱 설치 시 바이러스나 개인 정보 유출에 대해 간혹 걱정하는 경우가 있는데요, 이
앱은 삼성에서 직접 만든 앱이기 때문에 걱정하지 않아도 괜찮습니다. 특히 평소에 녹음할 일
이 많은 분께는 정말 유용한 기능이니 꼭 확인해보세요.

[메뉴 미리 준비] 홈 화면 ➡ 바탕화면

>> 바탕화면에 손가락을 대고 위로
올리기

>> ❶ [스토어] 입력 ➡ ❷ 가방 모양
[Store] 터치

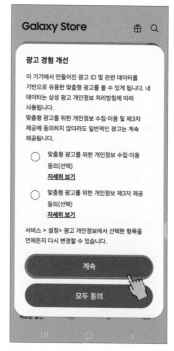

>> [계속] 터치
처음 사용하면 광고 동의를 요청하는
창이 보입니다. 동의하지 말고 진행하
세요.

>> [검색 Q] 터치
갤럭시 스토어로 이동하여 앱을 검색합
니다.

>> ❶ 검색창에 'good lock' 입력 ➡
❷ 검색된 [Good lock] 터치

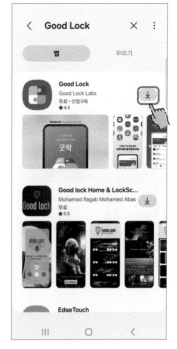

>> [다운로드 ↓] 터치

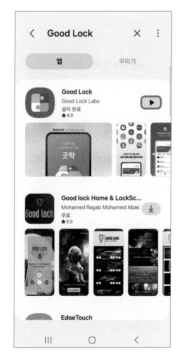

>> [실행 버튼 ▶] 터치
설치가 완료되면 실행 버튼을 눌러 앱을
실행하세요.

>> [동의] 터치
앱 사용 정보 수집 동의를 확인해주세요.

>> [편리한 갤럭시] 터치

>> RegiStar [다운로드 ⬇] 터치
아래로 스크롤을 내려 'RegiStar'를 다
운로드합니다. 'RegiStar'는 갤럭시의
설정 앱을 좀 더 편리하게 쓸 수 있도록
하는 기능입니다.

>> [RegiStar] 터치
설치가 완료되면 보이는 'RegiStar'를
눌러 실행합니다.

>> [계속] 터치

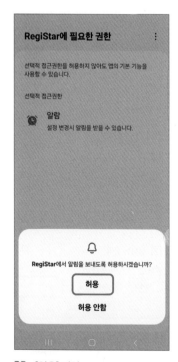

>> [허용] 터치

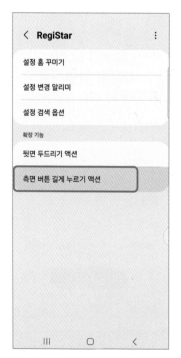

>> [측면 버튼 길게 누르기 액션]
터치

>> 오른쪽 버튼을 터치하여 '사용 안
함'을 [사용 중]으로 바꿔주세요.

>> 앱 실행의 [설정 ⚙] 터치
화면 아래로 내려서 '앱 실행'을 찾고 설정을 누릅니다.

>> 앱 목록에서 [음성 녹음]을 찾아 [설정 ⚙] 터치

>> [녹음 시작] 터치

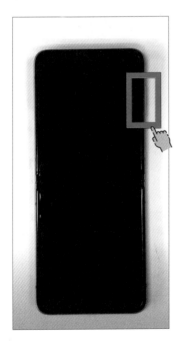

《 [전원] 버튼 길게 누르기
설정한 대로 기능이 잘 실행되는지 바로 확인해보겠습니다. 왼쪽 이미지에 보이는 스마트폰 옆의 전원 버튼을 길게 누르세요.

>> 그러면 곧바로 녹음이 시작됩니다. 화면이 꺼진 상태에서도 되고, 켜진 상태에서도 됩니다. 꼭 전원 버튼을 꾹 눌러주어야 합니다.

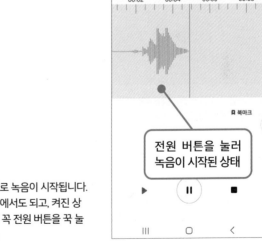

전원 버튼을 눌러 녹음이 시작된 상태

11 긴급 상황에서 음성 녹음 몰래하기

이 방법은 정말 편리하지만 한 가지 단점이 있습니다. 평소 전원 버튼을 눌러 스마트폰을 껐다면, 이제는 다른 방법을 사용하여 스마트폰 전원을 꺼야 합니다. 스마트폰 화면에 손가락을 두 번 쓸어내리면 오른쪽 맨 위에 전원 버튼 모양의 아이콘이 나타납니다. 이 아이콘을 눌러 스마트폰 전원을 끄면 됩니다.

 ## 전원 버튼을 사용하지 않고 전원 끄기

RegiStar 설정으로 전원 버튼을 사용하지 못할 때, 스마트폰 전원을 끄는 다른 방법을 알아보겠습니다.

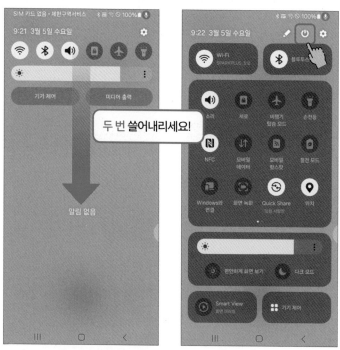

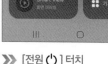
두 번 쓸어내리세요!

▶▶ 화면 윗부분에 손가락을 대고 두 번 연속 쓸어내리세요.

▶▶ [전원 ⏻] 터치

▶▶ [전원 끄기 ⏻] 터치
그러면 스마트폰 전원이 꺼지는 것을 확인할 수 있습니다.

5 녹음 기능 확인 및 녹음 파일 들어보기

녹음했다면 이후 그 내용을 직접 들어보고 확인하는 방법을
알아야겠죠? 지금부터 자세히 살펴보겠습니다.

> 메뉴 미리 준비 ㅣ 홈 화면 ➡ 바탕화면

>> 바탕화면에서 손가락을 대고 위로
올려주세요.

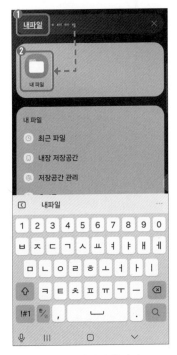

>> ❶ 검색창에 [내 파일] 입력 ➡
❷ [내 파일] 터치

>> [오디오 파일] 터치

>> [원하는 음성 녹음] 선택하여 터치
➡ 듣기

PART 03

카카오톡 700% 활용 꿀팁

잘못 보낸 카카오톡 '메시지 삭제'하기

5분 내, 5분 후 삭제, 나에게만 삭제하기

영상 QR 코드

카카오톡을 하다 보면, 나도 모르게 이 채팅방에 올리면 안 되는 내용을 올리거나, 혹은 사적인 내용을 업무 카카오톡 채팅방에 올리는 등 이런 경험을 한 적이 있을 겁니다. 오타가 난 경우도 있고요. 굉장히 난감한데요, 빠르게 조치를 취한다면 내가 보냈던 카카오톡 메시지를 삭제할 수 있답니다. 모든 대화 상대에게서 삭제하는 방법과 특정 기기에서만 삭제하는 방법을 설명합니다.

'이 꿀팁' 언제 쓸까?

- 보낸 메시지를 실수로 잘못 입력했을 때
- 오타나 잘못된 내용을 수정하기 위해 삭제할 때
- 잘못 보낸 사진이나 파일을 회수할 때
- 사적인 내용을 실수로 잘못된 채팅방에 보냈을 때
- 상대방이 보기 전에 메시지를 취소하고 싶을 때

1 5분 안에 카카오톡 메시지 삭제하기

카카오톡의 '5분 안에 메시지 삭제하기' 기능은 사용자가 메시지를 보낸 후 5분 이내에 해당 메시지를 삭제할 수 있도록 하는 기능입니다. 이 기능을 통해 실수로 보낸 메시지를 상대방의 채팅창에서도 삭제할 수 있습니다. 그럼 어떻게 하는지 알아보겠습니다.

메뉴 미리 준비   홈 화면 ➡ [카카오톡] 앱 실행 ➡ 채팅방 입장 ➡ 메시지 보내기

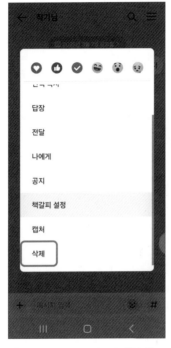

▶▶ 메시지를 보낸 채팅방에 입장하세요. 다음으로 지우고 싶은 메시지를 확인하고, 손가락으로 꾹 눌러주세요.

▶▶ 메시지 위에 뜬 메뉴에서 [삭제] 터치

▶▶ [모든 대화 상대에게서 삭제] 터치 '모든 대화 상대에게서 삭제'와 '이 기기에서 삭제'가 보입니다. '모든 대화 상대에게서 삭제'는 채팅방에 있는 모든 사람에게서 내가 5분 이내에 보낸 메시지를 삭제합니다. '이 기기에서 삭제'를 누르면 메시지가 내 메시지 창에서만 삭제됩니다.

≪ [삭제] 터치

≫ 그러면 내 대화창에서 메시지가 삭제되고 '삭제된 메시지입니다.'라는 메시지가 보입니다. 상대방 채팅창에도 같은 메시지가 뜹니다.

지금 알려드린 삭제 방법은 카카오톡 메시지뿐만 아니라 이미지, 동영상, 이모티콘 등 모든 것에 동일하게 적용됩니다.

 온선 노트

카카오톡 '삭제된 메시지'가 남는 이유는?

'삭제된 메시지'라는 부분도 아예 보이지 않으면 좋겠다고 생각할 수도 있습니다. 이 기능이 남아 있는 이유는 피싱이나 범죄에 악용될 가능성을 막기 위한 것입니다. 현재 카카오에서는 이 기능을 앞으로 완전히 삭제할지 여부를 논의 중이라고 합니다.

2 전송한 지 5분이 지난 메시지 삭제하기

전송한 지 5분이 지난 메시지도 삭제가 가능할까요? 가능합니다. 다만, 이 경우 메시지가 모두에게서 삭제되는 것은 아니라는 점을 참고해주세요.

메뉴 미리 준비   홈 화면 ➡ [카카오톡] 앱 실행 ➡ 채팅방 입장 ➡ 메시지 보내기

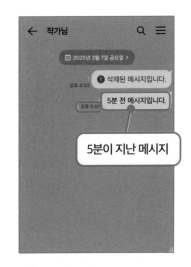

>> 5분이 지난 메시지를 꾹 눌러서 삭제를 시도해보겠습니다.

>> [삭제] 터치

>> ❶ 삭제할 메시지 선택됨 ➡
❷ [삭제하기 1] 터치
이때 1이라는 숫자는 삭제할 메시지의 개수입니다.

>> [삭제] 터치

'모든 대화 상대에서 삭제' 버튼이 사라졌습니다. 즉, 메시지 전송 후 5분이 지나면 해당 메시지를 모든 대화 상대에게서 삭제할 방법이 없게 됩니다. 안내 메시지도 보면 알 수 있듯이 이 기기에서만 삭제된다고 알려주고 있습니다.

5분 이내에 카카오톡 메시지를 이미 상대방이 확인한 경우라면?

만약, 메시지를 보내고 5분이 지나지 않았지만 상대방이 이미 메시지를 읽었다면 어떻게 될까요? 5분이 아직 경과하지 않았지만 상대방이 이미 카카오톡 채팅 내용을 확인한 경우에도 삭제가 가능합니다. 물론 삭제되면 상대방 화면에서는 메시지가 사라지지만, 이미 내용을 봤다면 그 기억은 남을 수 있습니다. 특히 민감한 정보라면, 상대방이 보았더라도 삭제하는 것이 좋겠죠. 반대로, 여러분에게 잘못 온 메시지도 바로 삭제하는 것이 좋겠죠?

3 나에게서만 메시지 삭제하기

이번에는 나에게서만 메시지를 삭제하는 기능을 한 번 사용해볼게요. 이 기능은 혹시라도 내 카카오톡 메시지를 누군가 몰래 보게 될까 걱정되거나, 채팅방을 정리하고 싶을 때 유용하게 사용할 수 있습니다.

> **메뉴 미리 준비**
>
> 홈 화면 ➡ [카카오톡] 앱 실행
> ➡ 채팅방 입장 ➡
> 메시지 보내기

➤➤ [삭제하고 싶은 메시지] 손가락으로 꾹 터치

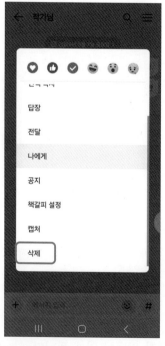

➤➤ [삭제] 터치

➤➤ ❶ [이 기기에서 삭제] 터치 ➡
❷ [확인] 터치

▶▶ ❶ 동그라미를 눌러 삭제할 메시지 선택 ➡ ❷ [삭제하기 1] 터치

▶▶ [삭제] 터치

▶▶ 이 기기에서 메시지가 삭제되었습니다.

T I P 보통 처음 메시지를 삭제하려 할 때, 삭제할 메시지가 선택되어 있습니다. 다만 여러 개를 삭제하는 경우를 위해서 선택할 수 있도록 변경할 수 있습니다.

주의해야 할 점은 '이 기기에서 삭제'라는 메시지입니다. 카카오톡을 스마트폰뿐만 아니라 PC나 태블릿에서도 사용하는 경우가 있죠? 만약 스마트폰에서 '이 기기에서 삭제' 기능으로 삭제한 메시지가 PC나 태블릿 등 다른 기기에는 남아 있을 수 있습니다. 따라서 누군가 내 스마트폰의 카카오톡 메시지를 몰래 보는 것을 막거나, 채팅방을 정리하고 싶어서 '이 기기에서 삭제' 버튼을 눌렀더라도, PC와 스마트폰 등 다른 기기에 데이터가 남아 있을 수도 있으니 제대로 삭제되었는지 꼭 확인해주세요.

CHAPTER 13

카카오톡으로 '실시간 내 위치 공유'하고 '지도' 보내기

지도, 위치 공유

영상 QR 코드

아직도 지도에서 일일이 주소를 찾아 공유하시나요? 주변을 두리번거리며 "여기가 어디지?"라고 헤매지 마세요. 카카오톡의 이 기능 하나만 알면, 현재 내 위치를 실시간으로 가족과 친구에게 간편하고 빠르게 전달할 수 있습니다. 구구절절 설명할 필요 없이, 지금 바로 시작해볼게요!

'이 꿀팁' 언제 쓸까?

- 친구에게 현재 위치를 실시간으로 공유할 때
- 길을 찾기 어려운 장소에서 위치를 설명할 때
- 약속 장소를 지도와 함께 정확하게 보낼 때
- 내 위치를 확인할 때
- 위급 상황에서 실시간 위치를 정확히 공유할 때

1 위치 공유 기능 사용을 위한 필수 설정하기

카카오톡에서 '#내위치' 기능을 사용하려면 사전에 '위치 서비스'를 활성화해야 합니다. 매우 간단한 과정이니, 지금 바로 함께 활성화해볼까요?

TIP 여기서부터는 따라 하는 실습 중 검색 편의를 위해 '내 위치'를 '내위치'로 표기하였습니다.

메뉴 미리 준비   홈 화면

>> ❶ 홈 화면에서 손가락을 대고 아래로 내려주세요. ➡ ❷ [설정] 앱 실행

>> ❶ [위치] 검색 ➡ ❷ [위치] 앱 실행

>> [사용 중] 터치하여 활성화
이로써 '위치 서비스 활성화' 작업을 마쳤습니다.

위치 서비스를 활성화했으니 이제 본격적으로 '내위치'를 공
유하는 방법을 알려드리겠습니다.

메뉴 미리 준비 홈 화면 ➡ [카카오톡] 앱 실행 ➡ 채팅방 입장

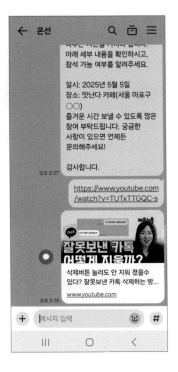

➤➤ '내위치'를 공유할 카카오톡 채팅
방에 입장하세요.

➤➤ 대화 입력창에 ❶ '#내위치' 입력
➡ ❷ [전송 ➤] 터치

➤➤ [#내위치] 터치

➤➤ '내위치'가 현위치로 지도에 정확
히 표시되어 보입니다. '내위치'를 공유
하기 위해 [공유하기] 터치

≪ [길찾기] 터치
상대방에게 '내위치' 정보가 공유됩니다. 공유된 내용을 보면 주소, 길찾기, 카카오맵 등을 이용할 수 있는 기능도 제공합니다. 지도에서 위치를 확인할 수도 있죠. 상세한 위치를 확인하려면 '길찾기'를 누르세요.

≫ [카카오맵 앱 열기] 창이 아닌 빈 곳을 터치하세요.

≪ [앱 열기] 터치

≫ 그러면 지도에 현재 '내위치'가 표시됩니다. 지도 화면에서는 손가락으로 확대, 축소, 이동이 가능해 위치를 더 명확하게 확인할 수 있습니다.

TIP 만약 '내위치'가 안 잡힌다면, 카카오톡 앱 설정에서 위치 서비스 접근 권한을 확인해보세요!

3 카카오톡에서 약속 장소 공유하기

현재 위치뿐 아니라 우리가 만날 약속 장소도 공유할 수 있습니다. 카카오톡을 통해 약속을 잡는 경우가 많으니, 이 기능 역시 매우 유용하겠죠?

메뉴 미리 준비　홈 화면 ➡ [카카오톡] 앱 실행 ➡ 채팅방 입장

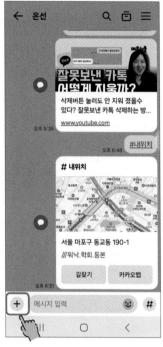

>> [내위치]를 공유할 채팅방에 입장 하세요. 그런 다음 [➕] 터치

>> [지도] 터치

>> 그러면 지도 정보를 불러옵니다.

116

≪ 우리가 만날 약속 ❶ 장소 검색 ➜
❷ 원하는 장소 터치

≫ [위치정보 보내기] 터치
만날 장소가 맞는지 확인하세요. 손가
락으로 지도를 축소, 확대, 이동할 수 있
어요.

≪ [지도] 터치
상대방과 나의 채팅방에 공유가 됩니다.

지도를 터치하니, 위치
정보를 확대하여 확인
할 수 있어요

≫ 지도를 터치하면 확대하여 위치를
볼 수 있습니다.

카카오톡 '개별 메시지'와 '단체 메시지' 보내기

카카오톡, 문자, 최대 100명까지

영상 QR 코드

이번에는 카카오톡으로 똑같은 메시지를 여러 사람에게 동시에 보내는 방법을 알려드리겠습니다. 보통 단체 채팅방을 만들어 메시지를 보내는 경우가 많지만, 때로는 개별적으로 메시지를 보내고 싶을 때가 있죠. 이 방법을 사용하면 최대 10명에게 개별적으로 메시지를 보낼 수 있고, 휴대전화 메시지를 이용하면 100명까지 한 번에 전송할 수 있는 방법도 안내합니다. 카카오톡의 단체 메시지 기능을 적절히 활용하면 모임 관련 공지를 효율적으로 전송할 수 있으니, 꼭 한 번 사용해보세요.

'이 꿀팁' 언제 쓸까?

- 경조사 때 감사 인사 전할 때
- 명절이나 연말에 새해 인사 전할 때
- 초대 링크나 행사 안내를 대량으로 공유할 때
- 광고나 프로모션 메시지를 여러 고객에게 동시에 전송할 때

1 개인 메시지 동시 전송 방법 알아보기

카카오톡에서 동일한 메시지를 여러 명에게 개별적으로 동시에 전송하려면 '한 명씩 보내기' 기능을 활용하면 됩니다. 이 기능을 사용하면 최대 10명까지 각자에게 1:1 메시지로 동일한 내용을 보낼 수 있어, 단체 채팅방을 만들지 않고도 효율적으로 메시지를 전달할 수 있습니다.

메뉴 미리 준비   홈 화면 ➡ [카카오톡] 앱 실행

>> [친구] 아이콘 터치
카카오톡 앱을 열고 '친구'를 누릅니다.

>> [내 프로필] 터치

>> [나와의 채팅] 터치

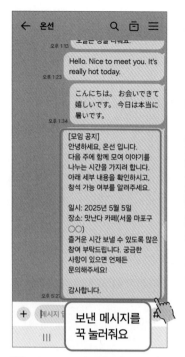

보낸 메시지를 꾹 눌러줘요

>> 나에게만 메시지를 보내는 나와의 채팅방입니다. 미리 보낼 메시지를 작성해 나에게 전송하세요. 그런 다음 보낸 메시지를 꾹 눌러주세요.

>> [전달] 터치

>> 여러 명에게 개별 메시지를 보내기 위해 [돋보기] 터치
전달 대상 선택에 '친구'와 '채팅' 메뉴가 있습니다. '친구'는 특정 사람에게 전달, '채팅'은 기존에 속한 채팅 그룹에 전달하는 기능입니다.

<< ❶ 친구 이름 옆에 [ ] 터치 ➡
❷ [확인] 터치
내 친구 목록이 보입니다. 검색창에 친구 이름을 검색하거나, 아래로 내리면서 메시지를 보낼 친구 이름 옆에 동그라미를 눌러 선택합니다. 최대 10명까지 가능합니다.

>> 개인별로 보내기 위해 [1:1 채팅방 (10명 이하)] 터치
'1:1 채팅방(10명 이하)'과 '그룹 채팅방' 선택지가 보입니다. '1:1 채팅방(10명 이하)'은 개인별로 보내는 방식, '그룹 채팅방'은 그룹 채팅방을 만들어서 보내는 방식입니다.

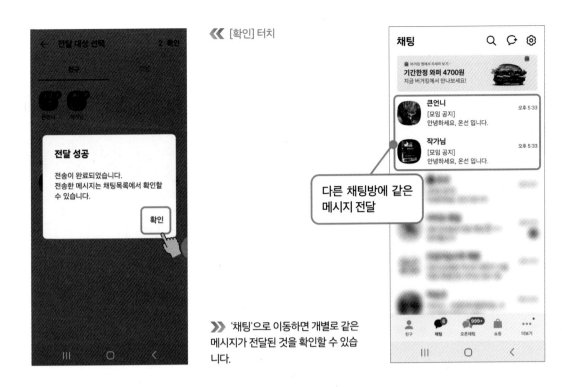

<< [확인] 터치

전달 성공

전송이 완료되었습니다.
전송한 메시지는 채팅목록에서 확인할 수 있습니다.

확인

다른 채팅방에 같은 메시지 전달

>> '채팅'으로 이동하면 개별로 같은 메시지가 전달된 것을 확인할 수 있습니다.

이 방법은 최대 10명까지 메시지를 보낼 수 있습니다. 만약 30명에게 전송하고 싶다면 같은 방법을 세 번 반복하면 됩니다.

2 채팅방 유튜브 링크 공유 방법 알아보기

이번에는 단체 채팅방에 있는 유튜브 영상 링크를 다른 사람에게 보내는 방법을 알아보겠습니다. 링크를 무턱대고 누르다가 해당 영상이 바로 재생되어 곤란했던 경험이 있는 분들은 유의하여 살펴보기 바랍니다.

메뉴 미리 준비 ➡ 홈 화면 ➡ [카카오톡] 앱 실행 ➡ 채팅방 입장

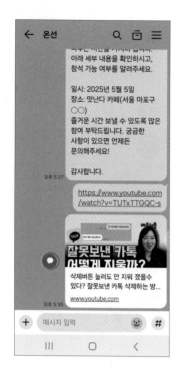

≪ 영상 옆에 있는 [말풍선 ◯] 터치

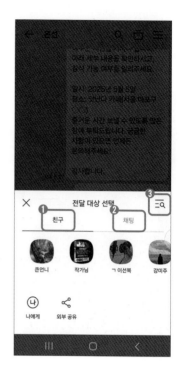

≫ ❶ '친구', ❷ '채팅' 또는 ❸ 돋보기
아이콘을 클릭해 메시지를 전달합니다.

---

3 스마트폰 문자 메시지로 100명에게 단체 문자 보내기

갤럭시 스마트폰에서 한 번에 최대 100명에게 동일한 문자 메시지를 보내는 기능은 '단체 메시지' 기능을 통해 가능합니다. 이 기능은 동일한 내용을 여러 명에게 동시에 개별적으로 전송할 수 있어, 단체 채팅방을 만들지 않고도 효율적으로 메시지를 전달할 수 있습니다.

메뉴 미리 준비   홈 화면

≫ [메시지] 앱 실행

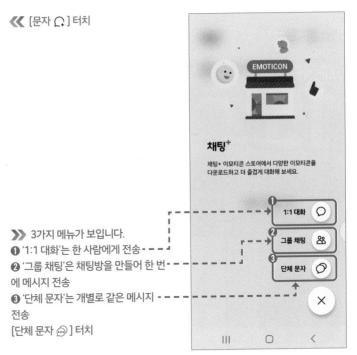

≪ [문자 ◠] 터치

≫ 3가지 메뉴가 보입니다.
❶ '1:1 대화'는 한 사람에게 전송
❷ '그룹 채팅'은 채팅방을 만들어 한 번에 메시지 전송
❸ '단체 문자'는 개별로 같은 메시지 전송
[단체 문자 ☺] 터치

≫ [받는 사람]에 이름을 입력해 찾거나 [＋]을 눌러 찾아서 입력합니다.

≫ [아버지], [스페인]를 입력해서 추가했습니다. 문자 받을 사람은 최대 100명까지 추가할 수 있습니다. 또한 현재 선택된 사람이 몇 명인지도 확인할 수 있습니다.

≫ ❶ 입력창에 문자 메시지 내용 입력 → ❷ [전송 ➤] 터치
받는 사람을 추가했다면 입력창에 문자 메시지 내용을 입력한 다음 전송을 누르면 메시지가 발송됩니다.

카카오톡
'광고 채널 차단'하기
알림톡 차단, 채널 목록 정리,
차단 친구 관리

영상 QR 코드

혹시 카카오톡 광고 때문에 스트레스를 받고 계신가요? 저희 부모님도 카카오톡을 사용할 때 광고가 너무 많이 와서 문의한 적이 있는데요, 이 방법을 모른다면 매일 광고 폭탄에 시달리게 되죠. 여러분이 직접 카카오톡에 있는 광고 차단 기능을 이용하여 차단하면 해당 회사가 광고 메시지를 보내지 못하게 할 수 있습니다. 방법은 정말 간단한데, 광고 메시지의 종류에 따라 차단 방법이 조금씩 다르기 때문에 오늘 그 모든 방법을 한 번에 정리하려고 합니다. 이 방법을 통해 광고로 인한 스트레스를 줄이고, 카카오톡 사용 경험을 크게 개선할 수 있을 거예요.

'이 꿀팁' 언제 쓸까?

- 원하지 않는 광고 메시지를 차단할 때
- 불필요한 채널 알림을 받지 않도록 설정할 때
- 중요한 브랜드나 서비스의 소식을 놓치지 않도록 다시 등록할 때
- 채널 메시지 관리로 필요한 정보만 효율적으로 받을 때

1 카카오톡 광고 메시지 차단 방법 알아보기

카카오톡에는 우리가 가지고 있는 개인 계정뿐만 아니라, 기업에서 광고 메시지를 보내기 위해 운영하는 기업 계정도 있습니다. 카카오에서는 광고 메시지 방식으로 알림톡과 채널 두 가지를 제공하는데, 각각의 차단 방법이 다릅니다. 이제 두 가지 방법을 하나씩 살펴보도록 하겠습니다.

 알림톡 차단 방법

먼저 알림톡을 차단하는 방법을 알아보겠습니다. 주의할 점은 알림톡이 꼭 광고만을 의미하는 것은 아니라는 것입니다. 유용한 정보를 전달할 수도 있으니, 꼭 받아야 하는 정보라면 차단하지 마세요. 그리고 나중에 이 차단을 해제하는 방법도 함께 안내할 예정입니다.

메뉴 미리 준비 홈 화면

≫ [카카오톡] 앱 실행

≫ [채팅] 터치

≫ 차단하고 싶은 '광고 메시지' 터치

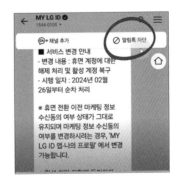

≫ [알림톡 차단] 터치
그러면 해당 채팅창에서 알림톡이 오지 않습니다.

채널 광고에는 '알림톡 차단' 기능이 없다는 점을 꼭 기억하세요. 채널은 이미 친구로 추가된 상태에서 운영되기 때문에, 온·오프라인 프로모션을 통해 자연스럽게 채널을 친구로 추가하는 경우가 많은데요. 이러한 채널 메시지를 차단하는 방법을 함께 알아보겠습니다.

메뉴 미리 준비 | 홈 화면 ➡ [카카오톡] 앱 실행 ➡ 광고 채널 입장

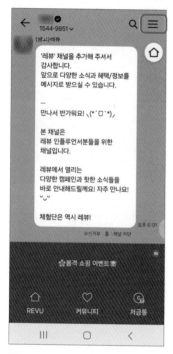

≫ [≡] 터치

≫ 광고 '계정 이름' 터치

≫ [Ch] 터치

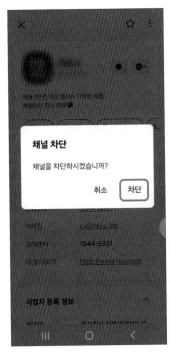

>> [차단] 터치

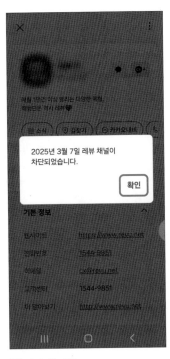

>> [확인] 터치

>> [X] 터치
x를 눌러 채널을 빠져나옵니다.

3 카카오톡 채널 목록에서 차단하기

카카오톡 아래의 '친구' 탭에서 '채널' 섹션으로 이동하면, 추가한 모든 채널을 한 번에 확인하고 관리할 수 있습니다. 광고 메시지가 자주 오는 경우, 이 방법을 활용해 불필요한 채널을 정리하는 것도 효과적일 거예요.

메뉴 미리 준비   홈 화면 ➡ [카카오톡] 앱 실행

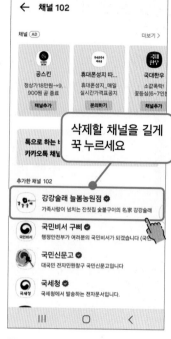

» ❶ [친구] 터치 ➡ ❷ [채널] 터치   » 삭제할 채널을 길게 터치   » [차단] 터치

광고 메시지가 너무 많이 오는 분들은 이 방법을 통해 채널을 한 번에 정리하는 것을 강력히 추천드립니다.

4 차단한 친구 채널 관리 및 복구하기

마지막으로 차단한 친구를 다시 복구하는 방법을 알려드리겠습니다. 가끔은 차단했던 친구의 메시지를 다시 받아야 할 때가 있을 텐데요. 이 방법을 통해 차단한 친구(광고)를 복구하면 필요한 메시지를 다시 받을 수 있습니다.

메뉴 미리 준비   홈 화면 ➡ [카카오톡] 앱 실행

>> ❶ [설정 ⚙] 터치 ➡ ❷ [친구 관리] 터치

>> [차단친구 관리] 터치

>> 차단 목록에서 해제할 채널의 [관리] 터치

《 ❶ [메시지 차단 해제] 선택 ➡
❷ [확인] 터치
여기까지는 차단 해제된 것입니다. 하지만 한 번 더 채널로 추가할지 추가로 물어보는 창이 뜹니다.

>> [채널 추가] 터치
정보를 받고자 해제했으므로 '채널 추가'를 누르고, 채널 추가를 하지 않으려면 '취소'를 누르세요.

카카오톡으로 아주 쉽게 '외국어 번역'하기

외국어 채팅, 외국어 번역

영상 QR 코드

드디어 카카오톡에 번역 기능이 추가되었습니다! 예전에는 외국인 친구와 대화하거나 해외에 나갔을 때, 별도의 앱을 설치해서 사용 방법을 익힌 다음 복사해서 보내야 했는데요. 이제 복잡한 과정을 거치지 않고도 손쉽게 번역할 수 있게 되었습니다. 이 방법을 활용하면, 외국인 친구의 메시지가 도착해도 단 몇 번의 터치로 간단히 번역할 수 있고, 빠르게 답장도 보낼 수 있으니 정말 편리할 겁니다. 카카오톡 앱 하나로 모든 기능을 활용할 수 있으니, 지금 바로 시작해보세요.

'이 꿀팁' 언제 쓸까?

- 외국인 친구와 채팅할 때
- 실시간 번역이 필요할 때
- 해외여행 중 현지인과 소통할 때
- 외국어로 된 메시지를 이해할 때
- 비즈니스 대화에서 언어 장벽을 줄일 때
- 다국어 그룹 채팅에서 원활한 의사소통이 필요할 때

1 번역 기능을 지원하는 카카오톡 버전인지 확인하기

먼저 설치된 카카오톡이 번역 기능을 제공하는 버전인지 확인해야 합니다. 카카오톡 번역 기능은 10.2.5 버전 이상에서 지원하거든요. 내 카카오톡이 번역 기능을 지원하는 버전인지 확인하는 방법을 알아보겠습니다.

메뉴 미리 준비 홈 화면

>> [카카오톡] 앱 실행

>> [친구] 터치

>> ❶ [설정 ⚙] 터치 ➜ ❷ [전체 설정] 터치

>> '앱 관리'에 있는 숫자 확인
전체 설정에서 맨 아래로 내리면 앱 관리가 보입니다. 앱 관리의 숫자가 10.2.5 이상이어야 합니다.

카카오톡 버전이 낮다면 업데이트가 필요합니다. 업데이트는 플레이 스토어나 앱 스토어에서 카카오톡을 검색하여 진행해주세요.

 ## 카카오톡 업데이트 방법

카카오톡은 새로운 기능이 추가되거나 오류 해결, 보안 문제, 속도 개선 등의 이유로 정기적으로 업데이트하는 것이 중요합니다. 카카오톡 업데이트 방법을 알아보겠습니다.

메뉴 미리 준비　　홈 화면

▶▶ [Play 스토어] 앱 실행

▶▶ ❶ '카카오톡' 검색 ➡ ❷ [업데이트] 터치

▶▶ [열기] 터치
업데이트가 완료되면 보이는 '열기'를 눌러 앱을 실행하세요.

카카오톡 번역 기능 설정하기

카카오톡 실행 방법은 앞서 자주 다뤘으므로 넘어가고, 바로 설정 방법부터 알려드릴게요. 카카오톡을 실행하고 나서 따라해주세요.

메뉴 미리 준비   홈 화면 ➡ [카카오톡] 앱 실행

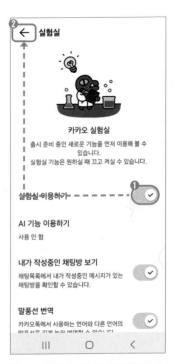

≫ ❶ [설정 ⚙] 터치 ➡ ❷ [전체 설정] 터치

≫ [실험실] 터치

≫ ❶ [실험실 이용하기] 터치하여 활성화 ➡ ❷ [←] 터치하여 카카오톡 홈으로 이동

설정을 마쳤으니 이제 번역 기능을 사용해보겠습니다. 영어로 된 대화를 번역하는 예제를 하나 살펴보겠습니다. 영어 외에도 다른 언어도 지원되니, "난 일본어가 필요해"라는 분들도 언어만 바꿔서 이 과정을 따라 하면 됩니다.

 영어로 번역해 전송하기

카카오톡에서는 '번역해서 전송하기' 기능을 통해 외국어 사용자와의 대화를 보다 쉽게 할 수 있습니다. 이 기능을 사용하면 메시지를 입력한 후 번역하여 전송할 수 있으며, 수신자의 메시지도 번역하여 이해할 수 있습니다. 다음은 영어를 한국어로 번역하는 과정으로 잘 따라해 보세요.

메뉴 미리 준비 홈 화면 ➡ [카카오톡] 앱 실행 ➡ 채팅방 입장

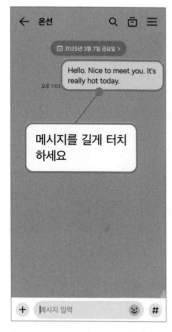

≫ 영어로 된 '메시지'를 길게 터치

≫ [번역] 터치

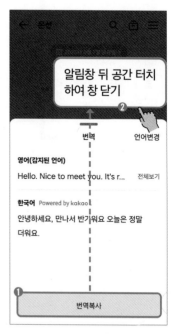

≫ ❶ [번역복사] 터치 ➡ ❷ '알림창 뒤 공간' 터치
'번역복사'를 누르면 번역문이 복사됩니다. 우리는 내용만 알아보면 되니까 따로 복사하지는 않겠습니다.

>> ❶ 입력창 터치 ➡ ❷ […] 터치

>> [번역 🔁] 터치

>> [다운로드] 터치
처음 사용하면 언어팩을 다운로드하라
고 팝업이 뜰 수 있어요.

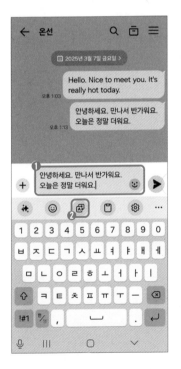

<< ❶ 대화 입력창에 한글 입력 ➡
❷ [번역 🔁] 터치
이때 왼쪽에 한국어, 오른쪽에 영어를
선택하면 됩니다. 기본적으로 한국어/
영어입니다. 다른 외국어로 번역하고 싶
다면 바꿔주세요.

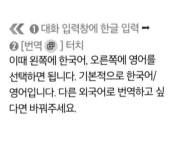

다른 언어로 선택할
수 있어요

>> ❶ 입력창의 내용이 번역된 문장
으로 바뀜 ➡ ❷ [전송 ➤] 터치
영어로 번역된 문장이 전송됩니다. 여기
서 EN을 터치하면 다른 언어를 선택할
수 있습니다.

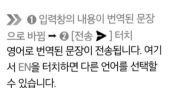

카카오톡 700% 활용하는 꿀팁

다른 외국어(일본어)로 번역해보기

이번에는 위 기능을 활용하여 일본어로 번역해보겠습니다.

메뉴 미리 준비 ▸ 홈 화면 ➡ [카카오톡] 앱 실행 ➡ 채팅방 입장

>> [EN] 터치 ➡ [영어] 터치
메시지 입력창에 번역할 내용을 쓴 다음 번역할 언어를 설정합니다.

>> [＋ 언어 추가] 터치
일본어가 없으므로 언어 추가에서 일본어를 추가해줍니다.

>> [일본어 ⬇] 터치
원하는 언어팩을 선택해 다운로드하세요.

《《 설치가 완료되면 '설치됨' 영역에 '일본어'가 보입니다. [〈]를 터치해 이전 메뉴로 이동합니다.

>> ❶ 대화 입력창 터치 ➡ ❷ [EN] 터치 ➡ ❸ [영어] 터치
이제 채팅방으로 돌아와서 번역할 내용을 입력하고, 언어를 선택하여 번역을 실행합니다.

>> [일본어] 터치

>> ① 입력창에 일본어로 번역된 문장 자동 입력됨 → ② ➤ 터치하여 전송

>> 일본어 메시지가 잘 전송되었습니다.

 번역 아이콘 옮기기

번역 아이콘을 매번 찾기 번거롭다고 생각이 든다면, 빠르게 찾을 수 있는 위치로 옮겨보세요. 단 한 번 조작이면 가능합니다!

메뉴 미리 준비   홈 화면 ➡ [카카오톡] 앱 실행 ➡ 채팅방 입장

>> ① 입력창 ➡ ② […] 터치

≪ [⊕] 터치

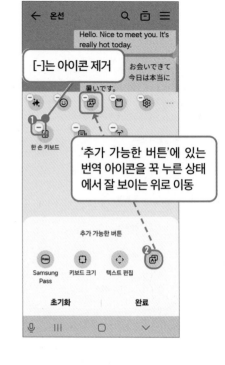

[-]는 아이콘 제거

'추가 가능한 버튼'에 있는 번역 아이콘을 꾹 누른 상태에서 잘 보이는 위로 이동

≫ ❶ [⊖] 터치하여 제거, ❷ '추가 가능한 버튼'에 있는 '번역 아이콘 📲' 이동

4 갤럭시에서 카카오톡 외국어 메시지 번역하기

갤럭시 스마트폰에서 Kakao i 번역 기능을 활용하면 카카오톡에서 외국어 메시지를 실시간으로 번역하거나, 입력한 메시지를 원하는 언어로 번역하여 전송할 수 있습니다. 앞서 실행했던 번역 기능과 어떻게 다른지 살펴볼까요?

메뉴 미리 준비   홈 화면 ➡ [카카오톡] 앱 실행 ➡ 채팅방 입장

≫ [#] 터치

≪ ❶ 입력창에 '번역기' 입력 ➡
❷ [검색 🔍] 터치
번역기를 검색하면 'Kakao i 번역'이라
는 번역기가 보입니다.

≫ 'Kakao i 번역'에서 ❶ 번역할 내
용 입력 ➡ ❷ [번역하기] 터치

T I P 'Kakao i' 번역은 번역할 내용을 입력하고 '번역하기'를 누르면 입력한 언
어를 자동으로 감지합니다. 바꾸고 싶은 언어는 영어가 기본 값으로 설정되어 있으며,
다른 언어를 원한다면 '영어' 부분을 터치해 바꿔주세요

≫ ❶ 영어로 번역 완료 ➡ 번역문 아
래 ❷ [복사 📋] 터치 ➡ ❸ [<] 터치

≫ 📋 Hello 터치

≫ ❶ 입력된 내용 확인 ➡
❷ [전송 ▶] 터치

PART 03

카카오톡 700% 활용하기

카카오톡으로 각종 등본 초간편 발급받기

전자증명서, 등초본, 각종 증명서

영상 QR 코드

주민등록등본이나 초본 같은 증명서, 아직도 주민 센터에 직접 방문하세요? 이제 그런 번거로움은 끝났습니다. 스마트폰과 카카오톡만 있으면, 소득금액증명서, 납세증명서, 심지어 사업자등록증까지 손쉽고 빠르게 받을 수 있습니다. 정부24라는 온라인 사이트를 통해서도 받을 수 있지만, 카카오톡의 전자문서 기능을 활용하면 클릭 한 번으로 바로 증명서를 받아볼 수 있으니 정말 비교할 수 없을 정도로 편리합니다! 지금부터 그 방법을 간단하게 알려드리겠습니다.

'이 꿀팁' 언제 쓸까?

- 공공기관에서 필요한 서류를 모바일로 발급받을 때
- 은행이나 기업에 증명서를 온라인으로 제출할 때
- 신분증, 주민등록등본 등 중요한 서류를 간편하게 관리할 때
- 종이 서류 없이 전자문서로 인증 및 제출할 때
- 시간과 장소 제한 없이 모바일에서 증명서를 확인해야 할 때

1 카카오톡에서 전자증명서 발급 시작하기

각종 증명서를 현장에 가지 않고 전자로 발급, 저장, 제출하는 방법을 알아보겠습니다. 이 과정을 시작하려면 먼저 인증서를 발급받아야 합니다. 차근차근 진행해보도록 하겠습니다.

증명서 발급하기

먼저 카카오톡에서 증명서를 발급하는 방법을 알아보겠습니다.

메뉴 미리 준비   홈 화면 ➡ [카카오톡] 앱 실행

》》 [더보기] 터치

》》 [지갑] 터치

》》 ❶ [전자문서] 터치 ➡ ❷ [전자증명서] 옆 [발급] 터치

≪ 발급 가능한 증명서 중 원하는 증명서를 선택하고 [+] 터치
여기서는 주민등록초본을 발급받아보겠습니다.

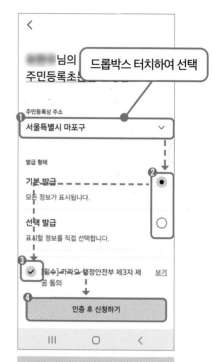

드롭박스 터치하여 선택

≫ ❶ '주민등록상 주소' 아래에 있는 드롭박스 터치하여 주소 선택 ➜ ❷ 발급 형태 터치 ➜ ❸ [필수] 동의 터치 ➜ ❹ [인증 후 신청하기] 터치

T I P 아직 카카오에 전자인증서가 없으면 인증서 발급 절차가 진행됩니다. 해당 절차는 바로 다음에 나오는 '인증서 발급하기'에서 확인할 수 있어요.

T I P 발급 형태는 두 가지가 있습니다. '기본 발급'은 모든 번호가 표시됩니다. '선택 발급'은 일부 정보만 선택적으로 표시됩니다. 예를 들어 '주민번호 뒷자리 가리기' 같은 선택을 할 수 있습니다.

인증이 완료되었습니다.

요청한 서비스로 돌아가 인증결과를
확인하거나 다음단계를 진행하세요.

확인

≪ 안내에 따라 비밀번호 입력 ➜ [확인] 터치
그러면 '증명서 발급 중'이라고 표시됩니다. 보통은 10초 전후로 시간이 걸립니다. 많은 사람이 동시에 요청하면 더 오래 걸리겠죠?

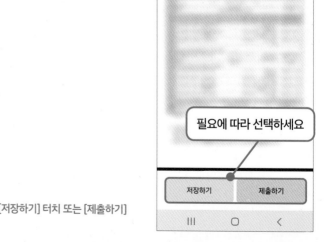

필요에 따라 선택하세요

≫ [저장하기] 터치 또는 [제출하기] 터치

발급이 완료되면 이렇게 화면에 요청한 증명서가 보입니다. 엄청 쉽죠? '저장하기'와 '제출하기' 기능을 제공하며, '저장하기'는 사본을 저장합니다. 관공서 등 원본을 제출해야 할 경우 '제출하기' 기능을 이용하면 됩니다. 이어서 '인증서 발급하기'를 알려드립니다. 이미 인증서를 발급한 상태라면 건너뛰기 바랍니다.

👆 인증서 발급하기

인증서가 없다면 인증서를 발급하는 절차를 진행해야 합니다. 카카오톡 인증서는 말 그대로 카카오톡으로 본인 인증을 할 수 있는 전자서명 수단입니다. 따로 공인인증서 없이도 금융 거래, 민원 신청, 본인 인증 등에 사용할 수 있어서 훨씬 빠르고 쉬울 겁니다.

`메뉴 미리 준비` 홈 화면 ➡ [카카오톡] 앱 실행 ➡ [지갑] 터치 ➡ 전자문서 ➡ 전자증명서

▶▶ [확인] 터치

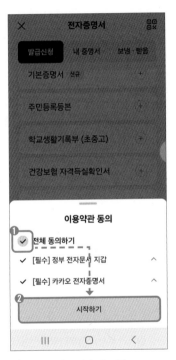

▶▶ ❶ [전체 동의하기] 터치 ➡
❷ [시작하기] 터치

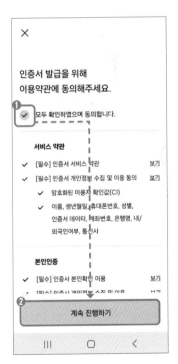

▶▶ ❶ '동의합니다' 체크 ➡
❷ [계속 진행하기] 터치

《 ❶ 본인 확인 진행 ➡ ❷ [다음]
터치

》 계좌가 있는 은행 터치
본인 인증 절차를 진행해야 합니다. 은
행 계좌에 1원을 송금하여 입금자명의
번호를 확인하는 방식으로 진행됩니다.

《 ❶ 계좌번호 입력 ➡ ❷ [1원 송금
하기] 터치
이제 은행 계좌로 이동해서 입금된 숫자
를 확인한 다음 입력 칸에 번호를 입력
하여 인증 절차를 진행하세요.

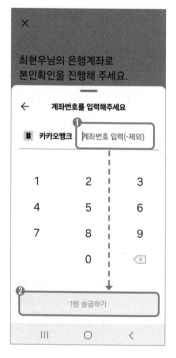

》 [이어서 진행하기] 터치
인증 절차가 무사히 마무리되면 인증서
가 발급됩니다.

카카오톡 지갑 오후 7:18
카카오 인증서를 발급했어요.
읽음

인증서 발급 완료! 인증서가
발급되었습니다.

카카오 인증서로 편리하고 안전하게
인증해보세요.

이어서 진행하기

144

이제 전자증명서를 저장해보겠습니다. 저장하는 전자증명서는 열람용 사본으로 기관에 제출할 때는 원본을 제출해야 합니다.

메뉴 미리 준비 　홈 화면 ➡ [카카오톡] 앱 실행 ➡ [지갑] 터치 ➡ 전자문서 ➡ 전자증명서 ➡ 주민등록초본

≫ [저장하기] 터치

≫ [비밀번호 설정 후 저장하기] 터치
비밀번호 설정할지 여부를 선택해 저장할 수 있습니다. 개인 정보를 보호하기 위해서는 비밀번호를 문서에 설정하는 것이 좋겠죠?

≫ ❶ 열람용 비밀번호로 숫자 6자리 입력 ➡ ❷ [확인] 터치
문서를 열람하는 데 사용할 비밀번호를 설정하는 창이 보입니다. 숫자 6자리를 입력하세요.

>> [⃞] 터치 ➡ 홈으로 이동
비밀번호가 설정된 문서가 다운로드됩니다. 그렇다면 파일은 어디에 저장되었을까요? 파일이 저장된 위치를 확인하기 위해 홈 화면으로 이동합니다.

>> ❶ 바탕화면을 위로 쓸어올립니다. ❷ 검색창에 '내 파일' 입력 ➡ ❸ [내 파일] 앱 실행

>> ❶ 최근 추가한 파일 ➡ ❷ [문서] 터치
최근 추가한 파일 목록에 방금 내려받은 파일이 보입니다. 파일을 확인하는 방법도 알아야겠죠? 문서를 확인합니다.

<< 생성한 PDF 파일 터치
저장한 PDF 파일이 보입니다. 보안 문제로 주민등록초본 같은 이름 대신, 일련번호로 이름이 되어 있습니다.

>> ❶ [Samsung No..]라고 되어 있는 앱 실행 ➡ ❷ [한 번만] 터치

>> ❶ PDF 리더로 열기 ➡ [한 번만] 터치
파일을 열 형태와 실행 수단을 선택합니다.

>> 생성하면서 지정한 ❶ 암호 입력 ➡ ❷ [완료] 터치

>> 그러면 생성한 문서를 확인할 수 있습니다. 이 파일은 보호되어 읽기만 가능한 열람용 파일입니다.

 전자증명서 제출하기

주요 공공문서를 카카오톡 앱에서 발급하고, 관공서나 금융기관에 직접 제출할 수 있는 서비스입니다. 이 기능을 활용하면 종이 서류를 출력하거나 주민 센터를 방문하지 않고도 간편하게 필요한 문서를 제출할 수 있습니다.

메뉴 미리 준비
홈 화면 ➡ [카카오톡] 앱 실행 ➡ [지갑] 터치
➡ 전자문서 ➡ 전자증명서 ➡ 주민등록초본

>> [제출하기] 터치

>> ❶ 제출 기관 검색 체크 ➡
❷ [제출 기관 검색] 터치
제출처로는 관공서뿐 아니라 은행도 가
능합니다.

>> 제출할 기관 터치
여기서는 'KB국민은행'을 검색하여 선
택했습니다.

>> [다음] 터치
그러면 원본 제출이 완료됩니다.

---

2 전자증명서 관리하기

카카오톡의 전자문서 기능을 통해 발급받은 증명서는 손쉽게 확인하고 관리할 수 있습니다.
전자증명서는 유효기간을 가지고 있어서 남은 기간을 확인할 수 있으며, 필요시 재발급도 가
능합니다. 또한 '전자문서 지갑 주소'를 통해 타인의 증명서를 받거나, 관공서에 QR 코드로 제
출할 수도 있습니다. 다만, 카카오톡에서 발급받은 증명서는 디지털 형태로만 사용 가능하기 때
문에 출력이 필요한 경우에는 정부24 사이트를 이용해야 합니다. 이제 관리 방법을 함께 알아
보겠습니다.

메뉴 미리 준비   홈 화면 ➡ [카카오톡] 앱 실행

≪ [더보기] 터치

≫ [지갑] 터치

≪ [발급된 증명서] 터치

≫ 발급받은 문서 목록이 보입니다.
문서를 보면 제목 아래에 남은 사용 가
능 일자가 보입니다. 이 기간 동안만 사
용이 가능합니다. 문서를 누르면 해당
문서의 내용을 볼 수 있습니다.

3 주소/QR 코드로 전자증명서 받기/제출하기

증명서를 제출하거나 타인에게 공유하는 방법은 이미 알아보았습니다. 그렇다면 내가 직접 증명서를 받을 수는 없을까요? 물론 받을 수 있습니다. 그리고 QR 코드를 활용해 전달할 수도 있죠. 이제부터 그 방법을 자세히 알아보겠습니다. 직전 실습에 이어 진행할게요.

 전자증명서 받기

발급받은 전자증명서를 받아보겠습니다.

메뉴 미리 준비   홈 화면 ➡ [카카오톡] 앱 실행 ➡ [지갑] 터치 ➡ 전자문서 ➡ 전자증명서 ➡ 내 증명서

《 [▦] 터치

≫ 전자문서지갑 주소가 QR 코드로
제공되네요.

주소 및 QR 코드로 전자증명서 제출하기

반대로 내 전자문서를 상대방에게 보내줄 수도 있습니다. 필요에 따라 증명서나 기타 전자문서를 직접 공유하는 방법을 활용할 수 있으니, 상황에 맞게 사용해보기 바랍니다.

메뉴 미리 준비   홈 화면 ➡ [카카오톡] 앱 실행 ➡ [지갑] 터치 ➡ 전자문서 ➡ 전자증명서 ➡ 주민등록초본

≫ [제출하기] 터치

≫ ❶ [지갑 주소 입력 및 QR 코드 스캔] 터치 ➡ ❷ [지갑 주소]를 입력해주세요] 터치

≫ [앱 사용 중에만 허용] 터치 ➡ QR 코드 스캔
그러면 카메라 앱이 실행됩니다. 보낼 QR 코드를 스캔하면 전자증명서가 잘 내보내질 겁니다.

CHAPTER 18

카카오톡에서 이체·송금하기

카카오페이, 송금, 자동충전, 결제

영상 QR 코드

친구들과 식사 후 계산할 때 계좌번호를 일일이 묻는 번거로움, 이제 그만하세요. 카카오톡의 '송금하기' 기능을 사용하면 계좌번호 없이도 카카오페이에 연결된 친구에게 바로 송금할 수 있습니다. 용돈, 경조사금, 회비, 공과금 등 다양한 상황에서 수수료 0원으로 부담 없이 이용 가능하죠. 앞으로는 복잡한 은행 앱 대신 카카오톡만으로 충전부터 송금, 결제까지 한 번에 해결해드립니다. 지금부터 카카오페이 연결 방법과 충전·송금 과정을 차근차근 안내하겠습니다.

'이 꿀팁' 언제 쓸까?

- 용돈 보내고 받을 때
- 계좌번호 없이 급하게 송금해야 할 때
- 친구들과 밥 먹고 1/N 나눠 낼 때
- 카카오톡에서 선물 구매해 보낼 때
- 마트에서 장을 보고 결제할 때

1 카카오페이 가입하기

사실 카카오톡 자체에는 송금 기능이 없습니다. 그래서 송금을 하려면 먼저 카카오페이를 카카오톡에 연동해야 합니다. 카카오페이는 송금·결제·인증을 한 번에 처리할 수 있는 모바일 금융 서비스로, 은행 앱 없이도 친구에게 돈을 보내고 온·오프라인 결제까지 할 수 있죠. 먼저 카카오페이를 카카오톡에서 사용할 수 있도록 설정하는 방법을 알려드리겠습니다.

메뉴 미리 준비   홈 화면

>> [카카오톡] 앱 실행

>> [더보기] 터치

>> [pay] 터치
노랑 영역에 pay라고 쓰여 있죠? 여기에 자신의 계좌만 연결하면 됩니다.

≪ [카카오톡 인증] 터치

휴대폰 인증, 카드 인증, 카카오톡 인증 중에서 본인 인증 방법을 선택합니다. 여기서는 비교적 간편하고 쉬운 '카카오톡 인증'을 진행하겠습니다.

▶▶ [인증하기] 터치

▶▶ [동의하기] 터치

▶▶ ❶ 필수 사항 선택 ➡ ❷ [인증하기] 터치

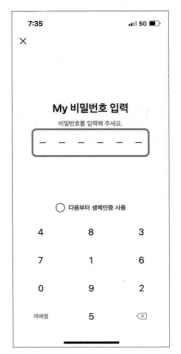

▶▶ '비밀번호' 입력

T·I·P 카카오톡 인증서가 없으면 발급하라는 메뉴가 뜹니다. 인증서 발급 절차는 17 '카카오톡으로 각종 등본 초간편 발급받기' 확인하세요

 [확인] 터치

⟩⟩ [인증 완료] 터치

⟩⟩ [닫기] 터치
기본 디자인을 사용해도 상관없다면 '닫기'를 누르세요.

PART 03
카카오톡 700% 활용 꿀팁

2 카카오페이 머니 충전 및 인증서 발급 과정 알아보기

이제 카카오페이에 돈을 충전해볼 차례입니다. 내 은행 계좌에 있는 돈을 카카오톡 지갑으로 가져와 사용한다고 생각하면 이해가 쉽습니다. 계좌를 한 번만 등록하면 이후에는 필요할 때마다 터치 몇 번으로 간편하게 충전할 수 있습니다. 앞에서 배운 과정을 바탕으로, 충전 실습을 진행하겠습니다.

메뉴 미리 준비   홈 화면 ➡ [카카오톡] 앱 실행 ➡ 더보기 ➡ pay

>> [충전] 터치

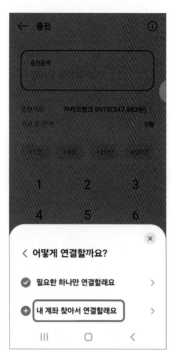

>> [내 계좌 찾아서 연결할래요] 터치

>> 내 계좌 목록이 보이며, 원하는 계좌를 선택한 다음 [무료송금 등록하기] 터치

>> [동의하기] 터치

>> ❶ 필수 사항 선택 ➡ ❷ [서명하기] 터치

>> '비밀번호' 입력

>> [확인] 터치

>> [확인] 터치

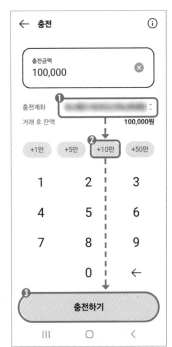

>> ❶ 계좌 선택 ➡ ❷ 원하는 금액 선택 또는 입력 ➡ ❸ [충전하기] 터치

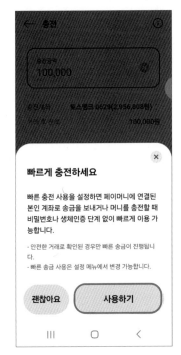

>> [사용하기] 터치
빠른 충전이 되면 편리하기 때문에 설정해보겠습니다. '사용하기'를 누르면 비밀번호를 입력하는 창이 뜹니다. '비밀번호'를 입력하세요.

>> [확인] 터치

>> 그러면 충전된 금액이 보일 거예요.

3 송금하기

카카오페이로 송금하는 방법은 크게 두 가지가 있습니다. 먼저 화면 아래에 있는 'Pay 메뉴에서 송금하기'와 '일대일 채팅창에서 바로 송금하기'입니다. 이제 두 가지 방식을 차례로 살펴보겠습니다.

> **Pay 메뉴에서 송금하기**

'Pay 메뉴에서 송금하기'부터 알아보겠습니다.

[메뉴 미리 준비] 홈 화면 ➡ [카카오톡] 앱 실행 ➡ 더보기 ➡ pay

≫ [송금] 터치

≫ [계좌번호 입력하기] 터치
특정 계좌로 보내고 싶다면 '계좌', 카카오톡 친구에게 보내고 싶다면 '친구', 사다리타기 또는 1/N 정산을 하려면 '정산'을 선택하세요.

≫ ❶ 계좌 정보를 입력 ➡ ❷ [확인] 터치

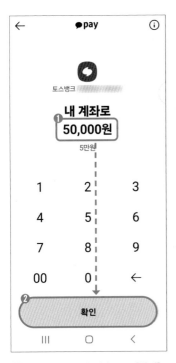

>> ❶ 송금할 금액 입력 ➡ ❷ [확인] 터치

>> ❶ 받은 분 이름 확인 ➡ ❷ [보내기] 터치

>> [확인] 터치

 채팅방에서 송금하기

이번에는 카카오톡 일대일 채팅방에 있는 상대방에게 바로 송금해보겠습니다. 송금하고 싶은 사람과의 채팅방을 선택하여 진행하면 됩니다.

메뉴 미리 준비

홈 화면 ➡ [카카오톡] 앱 실행 ➡ 더보기 ➡ 일대일 채팅창

>> 채팅방 선택하여 입장

>> [송금] 터치

❶ 송금하기 : 등록된 계좌 또는 카카오페이 잔액을 사용해 친구나 지인에게 즉시 돈을 보낼 수 있는 기능

❷ 요청하기 : 상대방에게 정해진 금액을 보내달라고 메시지로 요청할 수 있는 기능

❸ 1/N 정산하기 : 여러 명과 나눈 비용을 균등하게 분할해 각자 부담액을 계산·정산하는 기능

❹ 정산 사다리타기 : 사다리타기를 통해 무작위로 비용 부담자를 결정해 간편히 정산할 수 있는 기능

❺ 페이상품권 보내기 : 카카오페이 기반의 상품권을 만들어 친구에게 선물하거나 송금하는 기능

➤➤ [송금하기] 터치

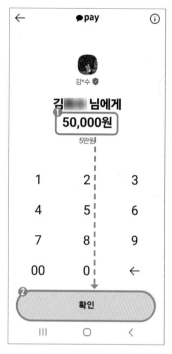

➤➤ ❶ 금액 입력 ➡ ❷ [확인] 터치

➤➤ [보내기] 터치
'보내기'를 누른 다음 간단한 인증 절차가 진행됩니다. 비밀번호나 지문 등으로 인증을 진행하세요.

➤➤ [확인] 터치

➤➤ 일대일 채팅창에서 송금이 정상적으로 되었습니다. [내역 보기]를 누르면 송금한 내역을 확인할 수 있습니다.

카카오톡에서 결제 · 선물하기

결제, 카카오페이, 카카오톡 선물

영상 QR 코드

더 이상 복잡한 카드 입력이나 긴 주소록 검색은 필요 없습니다. 카카오톡 앱에서 결제도, 선물도 순식간에 끝나요. 카카오톡 안에는 '결제·선물하기'라는 기능이 있습니다. 기능은 알지만 사용해본 적 없을 수 있습니다. 카카오페이를 한 번만 연결해두면 갤러리에서 사진 고르듯 원하는 상품권을 골라 친구에게 바로 '톡' 보내고, 제휴사에서 바코드를 통해 모바일 결제로 간편하게 결제할 수 있죠. 생일 축하 케이크 쿠폰, 감사 인사 커피 쿠폰 등 고마운 마음 쉽고 간편하게 전달하세요.

'이 꿀팁' 언제 쓸까?

- 바코드, QR 코드로 즉시 결제해야 할 때
- 마트나 카페에서 결제하는데 실물 카드가 없을 때
- 실물 택배로 선물하고 싶을 때
- 친구에게 기념일·생일·축하 메시지를 보내고 싶을 때
- 빠른 감사·사과 표현을 해야 할 때

1 카카오페이로 결제하기

이제 실물 카드 없이도 마트나 카페에서 카카오톡으로 간편하게 결제하는 방법을 알려드리겠습니다. 이 방법을 익히면 지갑 속 카드를 들고 다니지 않아도 언제 어디서나 편리하게 결제할 수 있습니다.

메뉴 미리 준비 ﹥ 홈 화면 ➡ [카카오톡] 앱 실행 ➡ 더보기 ➡ pay

《 [결제] 터치

》 그러면 바코드가 보입니다. 이 바코드를 점원에게 보여주고 등록한 수단으로 결제하면 됩니다.

TIP 삼성페이는 모바일 결제 서비스인 삼성페이로 결제하는 기능입니다. QR 스캔은 매장에 있는 QR 코드를 내 스마트폰의 카메라로 스캔하여 지불하는 방식입니다.

2 카카오톡 선물하기

이제 카카오톡 친구에게 선물하는 방법을 알아보겠습니다.

메뉴 미리 준비   홈 화면 ➡ [카카오톡] 앱 실행 ➡ 채팅

《《 ❶ 일대일 채팅창 입장 ➡ ❷ [+] 터치

≫ [선물하기] 터치

《《 [검색 Q] 터치

추천 메뉴를 살펴보는 방법도 있지만, 구매하고 싶은 상품이 명확하다면 검색하는 편이 빠릅니다. 검색창을 눌러 상품명을 입력하여 검색하세요.

원하는 상품명 선택

≫ '검색어' 터치

여기서는 '치킨'을 검색했습니다. 검색 결과에서 원하는 상품명을 선택합니다.

≫ 원하는 상품을 선택하여 누르세요.

≫ [선물하기] 터치

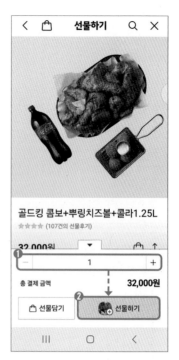

≫ ❶ 선물 개수 선택 ➡ ❷ [선물하기] 터치

≫ ❶ 결제 수단 선택 ➡ ❷ [결제하기] 터치
최종 결제하기 전 선물할 때 카드를 작성할 수 있습니다. 원하는 카드를 선택하고 메시지를 작성한 다음 결제합니다.

≫ 결제와 동시에 상대방에게 선물이 전달됩니다. '주문내역'을 누르면 결제한 상품 내역을 확인할 수 있습니다.

T·I·P

내 프로필 또는 선물하고 싶은 상대방의 프로필을 눌러도 [선물함]으로 이동할 수 있어요

카카오톡에서 '사진에 글자 넣고 꾸미기'

사진 편집

영상 QR 코드

카카오톡에 사진 편집 기능이 있다는 사실, 알고 계신가요? 별도의 앱 없이도 웬만한 편집이 다 가능한 기능인데, 아직 모르는 분들이 많습니다. 기존에 보유한 사진을 편집하는 기능과 카카오톡으로 받은 사진을 꾸며서 보내는 기능, 두 가지 모두 제공합니다. 친구나 지인에게 꾸며진 사진과 함께 글자까지 넣어 보내고 싶다면, 오늘 영상에서 설명하는 방법 그대로 따라해보세요! 바로 시작해볼게요.

'이 꿀팁' 언제 쓸까?

- 개인 정보 보호를 위해 특정 부분을 모자이크 처리할 때
- 사진을 보낼 때 필터나 스티커를 추가할 때
- 중요한 부분을 강조하기 위해 텍스트나 그림을 그릴 때
- 불필요한 배경을 자르고 원하는 부분만 보낼 때
- 사진 밝기, 대비 등을 조정하여 더 선명하게 보낼 때

1 카카오톡에서 사진 편집 모드로 들어가기

카카오톡에서 사진을 꾸미려면 먼저 편집 모드로 이동해야 합니다. 편집 기능은 총 5가지가 제공되며, 차근차근 하나씩 알아보겠습니다. 여기서는 사진 편집 모드로 이동하는 방법까지 안내하겠습니다.

메뉴 미리 준비   홈 화면 ➡ [카카오톡] 앱 실행 ➡ 채팅방 입장

>> 채팅방에서 [+] 터치

>> [앨범] 터치

>> [제한된 액세스 허용] 터치

166

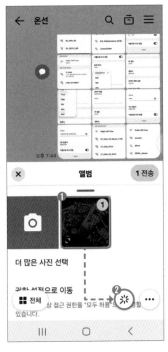

>> ❶ 보내고 싶은 사진 선택하여 터치 ➡ ❷ [허용(1)] 터치

>> ❶ 보내고 싶은 사진 선택하여 터치 ➡ ❷ [✳] 터치

>> 사진 편집 모드로 진입합니다. 아래쪽에 사진 편집 메뉴가 있습니다.

2 | 5가지 사진 편집 모드 살펴보기

카카오톡의 사진 편집 기능은 총 5가지 기능을 제공합니다. 앞서 진행한 실습을 이어서 진행하면 됩니다. 기능이 다양하지만, 하나하나 따라 하면 어렵지 않게 할 수 있을 거예요.

[메뉴 미리 준비]   홈 화면 ➡ [카카오톡] 앱 실행 ➡ 채팅방 입장 ➡
보내고 싶은 사진 터치 ➡ [사진 편집 ✳] 터치

≪ ❶ 색감 조정 아이콘 터치 ➡ ❷ 원
하는 색감 터치
첫 번째 메뉴를 터치하면 다양한 색감을
제공하는 메뉴가 뜹니다. 원하는 색감을
선택하여 변경해보세요.

≫ [자르기] 아이콘 터치

'자유롭게'를 선택하면 사용자
가 맘대로 자를 수 있어요

≪ 자르기 메뉴에 '자유롭게', '1:1' 등
다양한 메뉴가 보입니다. '자유롭게'를
선택하면 사진 네 귀퉁이를 움직여 사용
자가 사진을 자를 위치를 정할 수 있습
니다. '1:1' 등을 선택하면 비율에 맞게
자를 수 있으며, '화면 맞춤'은 내 스마트
폰 화면 비율에 맞게 자릅니다.

1:1 비율로 선택한 상태
에서 상하좌우로 자를
위치를 선정하세요

≫ ❶ 가운데 지점을 누른 상태에서
상하좌우로 자를 위치 조정 ➡ ❷ 원하
는 크기(비율) 선택 ➡ ❸ [✓] 터치
'1:1'처럼 고정 비율을 선택한 후에 비율
을 유지한 채로 원하는 위치만 자를 수
도 있습니다.

T I P
⟨⟩ : 좌우 반전 버튼
⟨⟩ : 90도 회전 버튼

>> [T] 터치
T 아이콘은 텍스트 편집 기능입니다.

>> '텍스트를 입력해주세요' 터치
텍스트를 입력할 곳을 눌러 내용을 입력해보세요.

>> ❶ 원하는 텍스트 입력 ➡ ❷ [확인] 터치

《 텍스트 편집 기능은 ❶ 텍스트 위치 변경, ❷ 크기, 회전 각도 변경, ❸ 내용 재편집, ❹ 삭제, ❺ ✓ (텍스트 편집 완료)가 있습니다.
편집을 마쳤다면 ✓를 눌러 텍스트 편집 모드에서 빠져나오세요.

>> [😊] 터치
사진에 다양한 캐릭터를 넣을 수 있는 기능을 알아보겠습니다.

《《 ❶ 다양한 종류의 캐릭터 중 원하는 캐릭터 선택 ➡ **❷** 선택한 캐릭터 터치

》》 ❶ 위치와 크기를 지정한 후 ➡
❷ [✓] 터치

《《 [✐] 터치하여 손글씨 입력
자판으로 입력하는 텍스트뿐만 아니라 터치와 펜으로 손글씨를 입력할 수 있습니다.

》》 ❶ 펜 선택 ➡ **❷** 펜 색상 선택하고 터치 ➡ **❸** 하트 그리기

≪ ❶ [↗] 터치 ➜ ❷ 하트에 화살표 그리기
아래 그리기 메뉴에는 화살표 모양도 있습니다. 누르면 화살표를 원하는 곳에 그릴 수 있습니다.

≫ ❶ [▦] 터치 ➜ ❷ 왼쪽 위의 책 제목을 터치하여 모자이크 처리
▦는 중요한 정보를 모자이크 처리할 때 유용합니다.

T I P 그리기 기능은 지도 위에 정확한 위치를 표시하거나 사진에서 무언가를 명확하게 가리킬 때 유용해요.

≫ ❶ [◇] 터치 ➜ ❷ 왼쪽 위의 책 제목 일부 모자이크 제거 수정을 마쳤다면 ❸ [✓] 터치
◇는 무언가 잘못 수정했을 때 지우는 용도로 사용하세요.

≫ [전송] 터치
모든 수정을 완료했다면 이미지를 보내야겠죠?

≫ 사진이 채팅방으로 전송됩니다. 참고로 편집된 사진은 고화질이 아니라 일반 화질로 바뀌게 됩니다.

3 카카오톡에서 받은 사진 편집하기

보낼 사진 말고 받은 사진도 편집 후 다시 전달할 수 있습니다. 또한 지도에 위치를 표시할 때
도 꽤나 유용합니다.

메뉴 미리 준비   홈 화면 ➡ [카카오톡] 앱 실행 ➡ 채팅방 입장

>> 채팅방 ➡ 받은 사진 터치

>> [※] 터치

>> 앞서 살펴본 사진 편집 기능 5가지
가 보입니다. 이 기능들을 이용해서 사
진을 꾸며보세요!

PART 04

6가지 필수 앱 사용법과 활용 꿀팁

앱 설치 없이 '동영상 만들기'
무료 사진 영상 제작,
카카오톡 프로필 설정

영상 QR 코드

내가 찍은 사진을 단 1분 만에 동영상으로 만드는 방법, 아시나요? 동영상 편집 앱 없이도, 스마트폰으로 누구나 손쉽게 만들 수 있습니다. 더 나아가, 이렇게 만든 영상을 카카오톡 프로필에 등록할 수도 있습니다. 사진 여러 장을 이어붙여 동영상을 만드는 방법과 동영상으로 카카오톡 프로필을 설정하는 방법까지 안내합니다. 지금 바로 확인해보세요.

'이 꿀팁' 언제 쓸까?

- 사진과 동영상을 조합해 간단한 영상으로 편집할 때
- 배경 음악과 효과를 추가하여 감성적인 영상을 만들 때
- 여행 사진을 모아 자동으로 슬라이드쇼 영상을 제작할 때
- SNS에 공유할 짧은 영상을 만들 때

1 사진으로 간단하게 동영상 만들기

갤럭시 스마트폰에서 제공하는 영화 기능을 사용하면, 사진이나 기존 동영상을 활용해 손쉽게 새로운 동영상을 만들 수 있습니다. 영화 기능은 다양한 꾸미기와 편집 옵션을 제공하여, 전문 동영상 편집기 없이도 멋진 결과물을 만들어 낼 수 있습니다.

메뉴 미리 준비   홈 화면

≫ [갤러리] 앱 실행

≫ [⋮] 터치

≫ [편집] 터치

PART 04

6가지 필수 앱 사용법과 활용 꿀팁

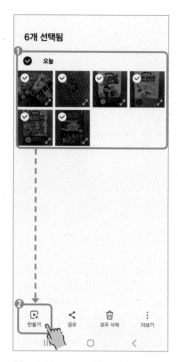

>> ❶ 원하는 사진/동영상 선택 ➡ ❷ [만들기] 터치

>> [영화] 터치

>> ❶ [▶] 터치 ➡ 재생 완료되면 ❷ [완료] 터치

《 ❶ 이름 터치하여 변경 ➡ ❷ [이름 변경] 터치

>> 수정이 완료되었다면 ❶ [영화 저장]을 터치하여 영상을 저장하세요. 이후 실습을 위해서 ❷ [편집]을 다시 터치합니다.

2 전체 반영 편집 기능 활용하기

정말 간단하죠? 그런데 이게 끝이면 너무 시시하잖아요. 사실 '영화 기능'은 생각보다 다양한 편집 기능을 제공한답니다. 모든 기능을 한 번에 알려드리면 처음부터 너무 복잡할 수 있으니, 자주 사용하는 주요 기능 위주로 차근차근 안내하겠습니다. 처음 배울 때는 어렵게 느껴지더라도 자주 사용하다 보면 금방 익숙해지고, 익숙해지면 편집이 훨씬 쉬워진답니다. 이제부터 실습은 '편집' 화면에서 시작합니다.

 클립(사진/영상) 추가하기

영화 만들기 도중 사진, 동영상을 추가하는 기능입니다. 영화 만들기를 할 때, 같은 사진이나 동영상을 여러 번 추가하고 싶다면 다음 방법을 쓰면 됩니다.

메뉴 미리 준비   홈 화면 ➡ [갤러리] 앱 실행 ➡ [⋮] 실행 ➡ [편집] ➡ 원하는 사진/동영상 선택 ➡ 만들기 ➡ 영화

◀◀ [+] 버튼 터치

▶▶ [이미지/동영상] 터치

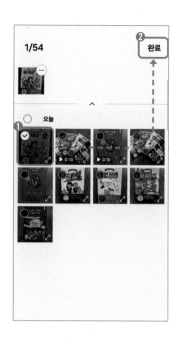

≪ ❶ 원하는 이미지를 선택 ➡ **❷** [완료] 터치

그러면 이미지(동영상)가 추가됩니다.

≫ ❶ 편집할 클립 선택 ➡ **❷** 좌우로 움직여 다른 클립 확인

영상 편집 단위를 클립이라고 합니다. 이 클립 단위로 다양한 편집을 할 수 있으며, 클립을 터치한 상태에서 좌우로 움직이면 다른 클립들을 확인할 수 있어요.

클립 삭제하기

이번에는 방금 추가한 이미지의 클립을 삭제하는 방법을 알아보겠습니다. 차근차근 진행해볼게요.

> **메뉴 미리 준비** 홈 화면 ➡ [갤러리] 앱 실행 ➡ [⋮] 실행 ➡ [편집] ➡ 원하는 사진/동영상 선택 ➡ 만들기 ➡ 영화

≪ ❶ 이미지 터치 ➡ 휴지통이 보입니다. **❷** 필요 없는 부분을 선택 ➡ [휴지통 🗑] 터치하면 삭제됩니다.

삭제됨

≫ 그러면 삭제된 이후 영상부터 보일 겁니다.

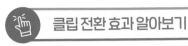

클립 전환 효과 알아보기

추가한 사진이나 동영상을 확인하고 클립 전환 효과에 대해 알아보겠습니다.

메뉴 미리 준비 홈 화면 ➡ [갤러리] 앱 실행 ➡ [⋮] 실행 ➡ [편집] ➡ 원하는 사진/동영상 선택 ➡ 만들기 ➡ 영화

《《 이미지 클립 사이의 [❶] 터치

》》 그러면 클립이 바뀔 때 줄 수 있는 효과가 나타나요. 기본값은 '없음'입니다. 디졸브, 페이드, 슬라이드, 사라지기 효과 등 다양하며, 원하는 효과를 터치해 사용하면 됩니다.

 온선 노트

클립 전환 효과는 어떤 기능을 할까요?

전환 효과로는 디졸브, 페이드, 슬라이드, 사라지기가 있어요. 직접 하나씩 적용해보면 확실히 알 수 있어요.

- 디졸브 : 첫 번째 클립이 서서히 사라지면서 동시에 다음 클립이 서서히 나타나는 효과
- 페이드 : 첫 번째 클립이 완전히 사라진 후, 다음 클립이 나타나는 효과
- 슬라이드 : 다음 클립이 화면의 한쪽에서 다른 쪽으로 밀려 들어오는 효과
- 사라지기 : 첫 번째 클립이 사라진 후, 다음 클립이 나타나는 효과

PART 04

6가지 필수 앱 사용법과 활용 꿀팁

 글자 입력하기

영화에는 글자도 입력할 수 있습니다. 이번에는 그 방법을 함께 살펴보겠습니다.

메뉴 미리 준비   홈 화면 ➡ [갤러리] 앱 실행 ➡ [⋮] 실행 ➡ [편집]
➡ 원하는 사진/동영상 선택 ➡ 만들기 ➡ 영화

》》 [T] 터치

》》 ❶ 위로 올리면 글자가 커지고, 밑으로 내리면 작아집니다. ❷ 정렬 방식, 글꼴 선택, 색상, 글자 배경을 선택할 수 있어요. ❸ 글자 스타일을 선택할 수 있어요. 한 번씩 눌러서 확인해보세요.

》》 ❶ 텍스트 입력 후 ➡ ❷ [적용] 터치

》》 영상에 글씨가 적용되었습니다.

배경 음악 추가하기

영화에 배경 음악을 넣을 수도 있습니다. 기본 제공되는 음악이나 스마트폰에 저장된 음악 파일을 삽입할 수 있는데요, 기본 제공 음악은 저작권 문제가 없으니 마음껏 사용해도 됩니다.

메뉴 미리 준비   홈 화면 ➡ [갤러리] 앱 실행 ➡ [:] 실행 ➡ [편집]
➡ 원하는 사진/동영상 선택 ➡ 만들기 ➡ 영화

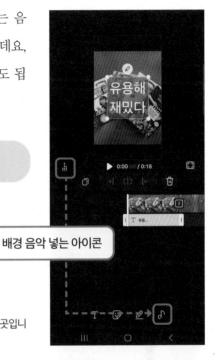

배경 음악 넣는 아이콘

>> [▦] 터치
배경 음악을 삽입하는 메뉴는 두 곳입니다. 차례대로 알아보겠습니다.

음악 선택

>> ❶ 원하는 음악 선택 ➡ ❷ [완료]
터치
음악이 영상에 추가됩니다.

>> ❶ 선택한 음악의 이름 표시,
❷ 음량 선택, ❸ 음악 바꾸기
선택한 음악 이름이 표시되며, 음량을 조절할 수 있어요. ▤♪를 누르면 음악을 바꿀 수 있습니다. 원하는 설정을 했다면 [완료]를 누르세요.

>> [♪] 터치
음악을 선택하는 두 번째 방법을 알아보죠.

21   앱 설치 없이 '동영상 만들기'

'사운드트랙'과 '내 음악'이 보입니다. '사운드트랙'을 누르면 앞서 배경 음악을 선택하던 화면이 보입니다. '내 음악'을 누르면 음악을 선택할 수 있습니다. [내 음악] 터치

[완료] 터치
내 스마트폰에 저장되어 있는 음악 목록이 보입니다. 이후 사용법은 앞서 다룬 '사운드트랙'과 같습니다. 음악을 선택하면 영상에 추가됩니다.

 ## 화면 비율 변경하기

영화 편집 기능에서는 9:16, 16:9, 4:3, 3:4, 1:1 등 다양한 화면 비율로 변경할 수 있습니다. 화면에 맞춰 자르기도 가능하니 원하는 비율로 정확하게 조정할 수 있어요. 특히 카카오톡 프로필로 사용하고 싶다면 9:16 비율을 선택하면 됩니다.

메뉴 미리 준비   홈 화면 ➡ [갤러리] 앱 실행 ➡ [⋮] 실행 ➡ [편집]
➡ 원하는 사진/동영상 선택 ➡ 만들기 ➡ 영화

[⋮] 터치

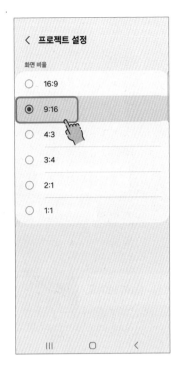

◀◀ [프로젝트 설정] 터치

▶▶ '9:16' 터치

 3 개별 사진 편집하기

개별 사진 편집 기능으로는 잘라내기, 회전 및 반전, 필터 적용, 색조 조정, 그리기, 스티커 추가 그리고 텍스트 입력까지 다양한 옵션을 제공합니다. 이 기능들을 활용하면 사진을 더욱 개성 있게 꾸밀 수 있으니, 꼭 한 번 사용해보세요.

개별 사진 수정하기

개별 사진 수정은 사진에 대해 사용자가 원하는 대로 직접 편집하거나 보정할 수 있는 기능입니다. 색감 조정, 기울기, 좌우 반전 등의 기능이 있습니다.

메뉴 미리 준비   홈 화면 ➡ [갤러리] 앱 실행 ➡ [⋮] 실행 ➡ [편집] ➡ 원하는 사진/동영상 선택 ➡ [만들기] ➡ 영화

클립을 터치하면

편집 기능이 보여요

>> 편집할 클립을 하나 터치
편집하고자 하는 클립을 누르면 아래에
편집 기능이 나타납니다. 하나하나 기능
을 설명하겠습니다.

움직여서 클립의 재생
시간을 변경할 수 있어요

>> ▯ 부분을 잡아 끌어서 해당 클립의
재생 시간을 늘리고 줄일 수 있어요.

기울기 조절, 좌우 반전,
회전 등 사진 상세 수정을
할 수 있습니다

>> 사진 상세 편집 기능입니다. ❶ 좌
우 반전 ❷ 회전 ❸ 기울기 조절 ❹ 수평
조절 ❺ 수직 조절 기능입니다. 한 번씩
눌러보세요. [⟳] 터치

색감 선택

<< [☒] 터치하여 사진의 색감을 바
꿀 수도 있습니다. 다양한 색감 효과를
제공하고 있으므로, 손가락을 대고 좌우
로 밀어가며 원하는 색감을 선택해보세
요.

>> [☀] 터치하면 색조 관련 기능으
로 밝기, 대비, 하이라이트, 그림자 등을
조절할 수 있습니다. 여기도 한 번씩 눌
러가며 어떤 효과가 있는지 확인해보세
요.

 **스티커 기능**

미리 준비된 스티커를 영상에 추가할 수 있는 기능입니다. 이 기능을 활용하면 영상에 다양한 스티커를 넣어 재미와 의미 전달에 좀 더 효과를 줄 수 있습니다.

메뉴 미리 준비   홈 화면 ➡ [갤러리] 앱 실행 ➡ [:] 실행 ➡ [편집] ➡ 원하는 사진/동영상 선택 ➡ 만들기 ➡ 영화

》 [🖼] 터치
다양한 스티커를 제공하며, 하단에서 종류를 고를 수 있어요. 스티커 종류를 고르면 그 위에 사용할 수 있는 스티커가 보입니다.

》 [❤] 터치

》 하트가 영상에 추가되었습니다. 하트를 꾹 누르면 네 귀퉁이에 있는 점이 보이며, 여기를 잡고 크기와 각도를 조절, 이동시킬 수 있어요. 편집을 마치고 나서 빈 공간을 터치하면 밖으로 빠져나옵니다.

그리기 기능

라이브 버튼을 누른 후 모양을 그리면, 그리는 모습이 실시간
으로 반영됩니다.

메뉴 미리 준비   홈 화면 ➡ [갤러리] 앱 실행 ➡ [⋮] 실행 ➡ [편집]
➡ 원하는 사진/동영상 선택 ➡ 만들기 ➡ 영화

>> [✐] 터치
다양한 그리기 기능이 보입니다.

>> ❶ [✐] 터치 ➡ ❷ 그림 그리기
➡ ❸ [적용] 터치
파란색 하트를 그렸습니다. 그림을 반
영하려면 '적용'을 누르세요.

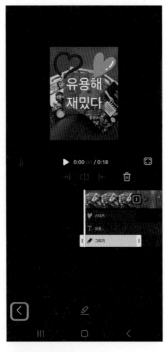

>> [‹] 터치
뒤로 가기를 눌러 그리기 편집 모드를
종료하세요.

>> [완료] 터치
편집을 종료하세요.

온선 노트

영상에서 그리기 기능을 알아봐요!

- 🖊 : 사진 위에 직접 그리거나 메모할 수 있는 도구
- 🖌 : 펜 종류 중 하나로, 점선·스탬프 등 특수 효과를 그릴 수 있음
- 🧽 : 그려 놓은 선·글씨 등을 지우는 도구
- ↰ : 가장 최근에 한 편집 작업을 취소
- ↱ : 취소했던 작업을 다시 적용
- Live : 편집 과정을 동영상처럼 '실시간 효과'로 보여주거나 저장하는 기능(일부 기종/앱에서 제공)

4 사진 및 동영상 저장 및 공유하기

사진과 영상 편집을 마쳤습니다. 이제 만들어진 동영상을 카카오톡 등 다양한 앱을 통해 공유해볼 차례입니다.

> 메뉴 미리 준비

홈 화면 ➡ [갤러리] 앱 실행 ➡ [⋮] 실행 ➡ [편집]
➡ 원하는 사진/동영상 선택 ➡ 만들기 ➡ 영화

≫ [⋮] 터치

≫ [영화 공유] 터치

≫ 그러면 공유 가능한 앱 목록이 아래에 보입니다. 여기에서 카카오톡이나 문자 등 공유하고 싶은 앱을 통해 공유해보세요.

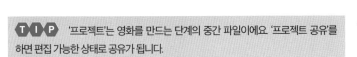

TIP '프로젝트'는 영화를 만드는 단계의 중간 파일이에요. '프로젝트 공유'를 하면 편집 가능한 상태로 공유가 됩니다.

내 영화 확인하기

지금까지 만든 사진은 갤러리에서 확인할 수 있습니다. 플레이 아이콘과 재생 시간이 표시된 사진은 동영상임을 나타냅니다. 만든 동영상도 직접 감상해보세요.

> 메뉴 미리 준비   홈 화면

>> [갤러리] 앱 실행

>> ❶ '오늘'에서 사진, 동영상 확인
➡ 다른 영화를 확인하려면 ❷ [☰]
터치

>> [동영상] 터치

>> 갤러리에서 동영상만 보여줍니다. 저장된 영상이 총 3개네요. 중간중간 저장할 때마다 영상이 생성되거든요. 불필요한 영상은 지워도 됩니다.

5 카카오톡 프로필에 동영상 배경 적용하기

열심히 만든 영상 이제 사용해볼 차례입니다. 이 영상을 카카오톡에서 내 프로필 배경 화면으로 설정하는 방법을 알아보겠습니다.

메뉴 미리 준비   홈 화면 ➡ [카카오톡] 앱 실행

≫ '내 프로필' 터치

≫ [프로필 편집] 터치

≫ 프로필 배경을 바꿔야 하므로 아래쪽에 [카메라 📷] 터치

≫ [앨범에서 사진/동영상 선택] 터치

>> 프로필 배경으로 사용할 동영상
선택하여 터치

>> [확인] 터치

>> 동영상에서 원하는 곳을 선택하고
[확인] 터치
동영상이 재생되지 않을 때 표시할 이미
지를 선택해주어야 합니다.

<< ❶ 원하는 문구 작성 ➡ ❷ [완료]
터치

>> 이제 내 프로필 배경에서 동영상이
재생됩니다.

스마트폰 하나만으로 다른 프로그램 없이 내 사진들을 영상으로 만드는 방법을 알아봤습니
다. 처음에는 조금 어려워 보일 수 있지만, 반복해서 만들고 실수도 복구하는 과정에서 점차
익숙해질 거예요. 그리고 완성된 영상을 다른 사람들과 공유해보세요.

CHAPTER 22

'유튜브' 꿀팁 기능으로 내 시간 아끼기

건너뛰기, 속도 조절하기, 예쁜 댓글 달기

영상 QR 코드

우리가 매일 사용하는 유튜브는 사용자의 편의를 위해 알게 모르게 계속 업그레이드되고 있어요. 오늘은 유튜브를 할 때 알고 있으면 너무너무 편리한 특별한 기능 다섯 가지를 소개합니다. 화면 확대, 영상 속도 조절, 특정 장면 건너뛰기, 댓글 작성 팁 등 다양한 기능을 배울 수 있습니다. 최신 기능과 기존에 있었지만 몰라서 사용하지 못한 유용한 기능만 담았습니다. 아마 '어, 내가 지금껏 왜 이걸 모르고 살았지?' 할 정도로 정말 편리한 기능들이 많으니까 끝까지 읽어보세요.

'이 꿀팁' 언제 쓸까?

- 중요한 대화를 놓쳤을 때
- 유튜브로 노래를 따라 하며 연습할 때
- 유튜브 요리 강의를 따라할 때
- 건강 운동 영상을 보며 스트레칭을 따라할 때
- 재테크 강의를 시청하며 공부할 점을 계획할 때

유튜브 앱은 스마트폰에 기본 설치되어 있고, 이미 익숙하게 사용하고 있을 겁니다. 초보자를 위해 유튜브 앱을 실행하는 방법부터 유용한 기능까지 차근차근 알아보겠습니다.

메뉴 미리 준비   홈 화면

>> [유튜브] 앱 실행

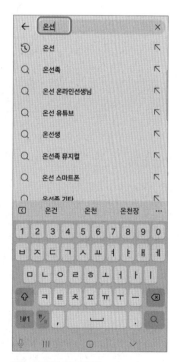

>> 시청할 영상 검색

>> 시청할 영상 선택

>> 영상 위에 손을 대고 위로 터치
유튜브 영상이 작을 때, 영상 오른쪽에 있는 네모난 사각형 아이콘을 클릭했었죠? 영상에 손가락을 대고 위로 스윽 올려주세요. 그러면 화면이 커집니다.

≪ 영상 위에 손을 대고 아래로 화면
을 내리듯이 터치하면, 화면이 작게 바
뀝니다.

6가지 필수 앱 사용법과 활용 꿀팁

2 유튜브 영상 손쉽게 재생 속도 조절하기

다들 아시다시피 유튜브에서는 영상 재생 속도를 조절할 수 있습니다. 영상마다, 그리고 시청
하는 사람마다 원하는 속도가 다르기 때문에 자주 사용하는 기능인데요. 간단한 터치로 쉽게
설정할 수 있는 꿀팁을 바로 소개해드릴게요.

 설정 메뉴에서 조절하기

유튜브 영상의 속도는 설정 메뉴에서 조절할 수 있습니다.

메뉴 미리 준비   홈 화면 ➡ [유튜브] 앱 실행 ➡ 영상 재생

≫ 시청 중인 영상의 화면 터치

>> [설정 ⚙] 터치

>> [재생 속도] 터치

>> 재생 속도를 0.25배에서 2배까지 정할 수 있어요.

👆 원터치로 재생 속도 2배 빠르게 만들기

설정에서 영상의 재생 속도를 바꿀 수도 있지만, 원터치로 한 번에 2배 빠르게 재생할 수 있는 방법이 있습니다.

> 메뉴 미리 준비
>
> 홈 화면 ➡
> [유튜브] 앱 실행 ➡ 영상 재생

T I P 영상을 계속 누르고 있어야 2배 빠르게 재생됩니다. 영상에서 손을 떼면 다시 원래의 재생 속도로 돌아갑니다.

>> 영상 화면을 계속 터치

>> 그러면 [2배 ▶▶] 아이콘이 보입니다. 이때부터 2배로 빠르게 재생됩니다. 단, 계속 영상을 누르고 있어야 2배로 재생됩니다.

3 유튜브 영상 손쉽게 재생 위치 설정하기

영상을 보다가 다시 보고 싶거나 건너뛰고 싶을 때가 있죠? 기존에는 영상 재생 중에 손으로 시간 바에서 재생 위치를 조절해야 했는데, 이 방법은 정확한 위치 설정이 어렵고 번거롭습니다. 이제부터 단 두 번만 톡톡 터치해서 재생 위치를 앞으로 당기거나 건너뛰는 쉽고 간편한 방법을 알려드릴게요.

 영상 당기고 건너뛰기

재생하는 영상을 톡톡 터치하기만 해도 영상 재생 위치를 바꿀 수 있습니다.

메뉴 미리 준비   홈 화면 ➡ [유튜브] 앱 실행 ➡ 영상 재생

TIP 연속 두 번이 아니라 더 많이 터치하면 20초, 30초 건너뛰기도 됩니다.

≫ 화면 오른쪽 두 번 터치
화면 오른쪽을 두 번 톡톡 두드리면 10초 건너뛰기가 됩니다.

≫ 화면 왼쪽 두 번 터치
마찬가지로 화면 왼쪽을 두드리면 이미 시청한 영상을 10초 다시 볼 수 있습니다.

영상 당기고 건너뛰기 단위 바꾸기

영상 건너뛰기 기능은 기본적으로 10초씩 건너뛰게 되어 있어요. 그런데 꼭 10초 단위로만 건너뛰어야 하는 걸까요? 기본 건너뛰기 시간을 20초로 설정할 수는 없는지 궁금한 분들도 있을 겁니다. 사실 가능합니다. 바로 계정 설정 메뉴에서 원하는 시간으로 조정할 수 있습니다. 이번 설정은 영상 재생 환경의 설정이 아니라, 여러분의 계정에 적용되는 설정임을 기억해주세요.

메뉴 미리 준비 　 홈 화면 ➡ [유튜브] 앱 실행

▶▶ [내 페이지] 터치

▶▶ [설정 ⚙] 터치

▶▶ ❶ [일반] 터치 ➡ ❷ [재생] 터치

《《 [두 번 탭하여 탐색] 터치

여기서 원하는 초
단위로 변경하세요

원하는 건너뛰기 시간(초) 터치

4 유튜브 댓글에서 특별한 글꼴 사용하기

유튜브 영상을 보다 보면 댓글을 통해 구독자와 소통을 할
때도 있죠. 때로는 진지하게 쓴 글도 있지만, 별표 이모티콘이
나 굵게 표시하는 등 다양한 스타일로 꾸며진 댓글들도 볼 수 있을
거예요. 이제부터 댓글을 쓸 때 활용할 수 있는 다양한 꾸밈
방법을 함께 알아보겠습니다.

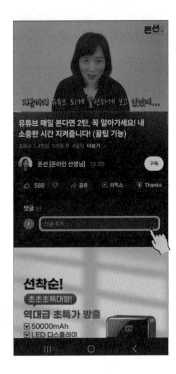

메뉴 미리 준비   홈 화면 ➡ [유튜브] 앱 실행 ➡ 영상 재생

시청 중인 영상에서 [댓글] 터치

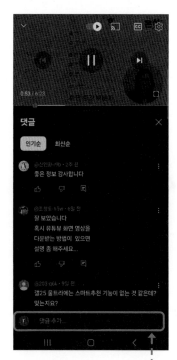

>> 그러면 영상에 달린 댓글들이
보이고, 댓글을 추가할 수 있는 창도 보
입니다.

>> ❶ '*' 기호 사이에 텍스트를 작성
해보세요. '*' 기호와 텍스트가 앞뒤로
붙어있어야 합니다. ❷ 그런 다음 [전송
▶]을 터치하세요.

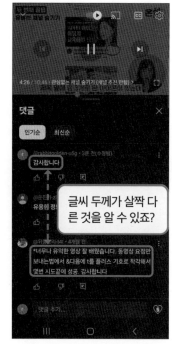

> 글씨 두께가 살짝 다
른 것을 알 수 있죠?

>> 글자가 두껍게 표시되어 댓글로 달
렸습니다. 아래에 있는 다른 댓글의 두
께와 비교하면 그 차이를 확인할 수 있
습니다.

<< ❶ 이번에는 '_' 기호를 텍스트 앞뒤
로 추가한 다음 붙여서 작성해보세요.
❷ 그런 다음 [전송 ▶]을 터치하세요.

>> 글자가 이탤릭체와 같이 기울어져
서 댓글로 달렸습니다.

《 ❶ 기호와 함께 텍스트 작성 ➡
❷ [전송 **➤**] 터치

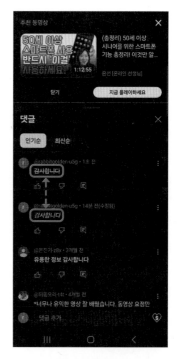

》》 취소선이 표시된 텍스트가 댓글로
달렸습니다.

《 이모티콘을 추가하려면 입력창 아
래 이모티콘 선택하여 터치

》》 텍스트에 이모티콘이 포함되어
댓글로 달렸습니다.

'카카오 택시' 부르기

카드 등록하기, 호출하기, 대신 호출하기

영상 QR 코드

카카오 택시는 한 번만 사용해보면 정말 쉽고 편리하다는 사실을 알게 될 거예요. 그런데 한 번도 사용해보지 않은 분들은 어렵다고 생각하고 시작조차 못할 수 있습니다. 그래서 이번에는 카카오 택시를 사용하는 방법을 총정리하겠습니다. 택시 호출, 자동 결제, 호출 취소, 출발지와 도착지 지정 그리고 차량 선택까지 다양한 기능을 상세하게 설명합니다. 카카오 택시의 모든 기능을 한 번에 배우면, 택시 호출이 더 이상 어렵게 느껴지지 않을 것입니다.

'이 꿀팁' 언제 쓸까?

- 부모님이나 지인에게 택시를 보내드릴 때
- 빠르고 편리하고 안전한 택시를 호출할 때
- 목적지를 입력하고 예상 요금을 미리 확인할 때
- 카드 결제 등 다양한 결제 수단을 사용할 때
- 택시 위치와 예상 도착 시간을 실시간으로 확인할 때

① 카카오 T 앱 설치 및 설정하기

먼저 스마트폰에 카카오 T 앱을 설치해야 합니다. 이미 앱이 설치되어 있다면 앱을 실행해주시고, 아직 설치하지 않았다면 안내에 따라 앱을 설치해주세요.

메뉴 미리 준비　홈 화면

▶▶ [Play 스토어] 앱 실행

▶▶ 검색창에 ❶ '카카오 택시' 입력 ➡ ❷ [카카오 택시] 터치

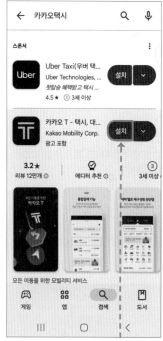

▶▶ 카카오 T 앱의 [설치] 터치

>> [열기] 터치
앱 설치가 완료되면 '열기'를 눌러 앱을
실행하세요.

>> [확인] 터치

>> [앱 사용 중에만 허용] 터치

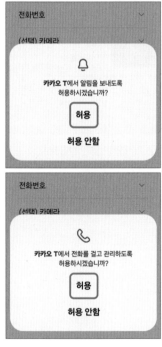

>> 이후 계속 [허용] 터치

>> [카카오 계정으로 시작하기] 터치

>> [확인] 터치
스마트폰 번호 인증을 진행하기 위해
'확인'을 누릅니다.

스마트폰 번호 입력하고 '보내기' 터치

《《 스마트폰 번호가 자동으로 입력되어 있을 겁니다. 번호가 맞으면 [보내기] 터치

》》 ❶ 인증번호 입력 ➡ ❷ [다음] 터치
이제 [카카오 T] 앱이 실행됩니다.

2 카카오 택시 호출하기

사실 카카오 T 앱은 택시 호출뿐만 아니라 렌터카, 퀵 배송, 대리 운전, 자전거 이용 등 다양한 기능도 함께 제공합니다. 여기서는 그중에서 택시 호출 기능만 집중해서 알아보겠습니다.

[메뉴 미리 준비]   홈 화면 ➡ [카카오 T] 앱 실행

 온선 노트

'카카오 택시 부르기' 실습하기 전에 주의사항 확인하고 가세요!

본격적인 실습을 진행하기 앞서, 안내드립니다. 카카오 택시 호출하기는 이 과정을 그대로 따라할 경우, 실제 택시를 호출하게 됩니다. 따라서 이에 유의하여 진짜 택시를 호출하기 전 단계까지만 실습을 진행하기 바랍니다.

≪ ❶ [홈] 터치 ➡ ❷ [택시] 터치

≫ 지도 위에 ❶ 현재 내 위치가 표시됩니다. '출발'이라고 써져 있는 위치로 택시가 오게 되며, ❷ 현재 위치가 지도상에 대략적으로 표시됩니다. ❸ 현재 내 위치를 조정할 수 있는 곳으로, 내 위치를 수정해야 할 때 이 곳을 눌러 수정하면 됩니다. ❹ 목적지를 입력하는 곳입니다.

≪ ❶ 손가락으로 화면 확대/축소, ❷ 현주소를 손가락으로 터치
예를 들어, 홍대입구 다이소 앞에서 택시를 탄다고 가정하겠습니다. 현주소 부분을 손가락으로 터치하세요.

≫ ❶ 출발지 주소 입력 ➡ ❷ 검색 결과에서 원하는 장소 선택
출발지 주소를 입력하여 장소를 검색합니다. 검색 결과에서 원하는 장소를 선택하세요.

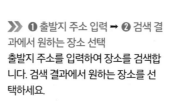
T·I·P 손가락 두 개를 화면에 대고 벌리면 화면이 커지고, 좁히면 화면이 작아집니다. 이 기능으로 위치를 더 정확히 수정할 수 있어요

T·I·P '현위치는 위 그림의 홍대입구역 공항철도 4번 출구'가 아닌 여러분 각자가 있는 위치 주소가 나옵니다.

《 [도착지 검색] 터치
이번에는 도착지를 지정하겠습니다.

》 ❶ 도착지 주소 입력하여 검색 →
❷ 장소 선택
도착지 주소를 입력하면 장소를 검색한
결과가 보입니다. 검색 결과에서 원하는
장소를 선택하세요.

》 ❶ 이동 경로와 도착 시간 확인 →
❷ 선택 가능한 차량
이동 경로와 도착 시간, 선택할 수 있는
차량과 금액이 보입니다. 손가락으로
지도를 확대/축소하고 위치를 이동하며
제대로 설정되었는지 확인해보세요.

》 [일반 호출] 터치
가장 저렴하면서 평범한 일반 호출을
사용해보겠습니다.

》 ❶ 중형 선택 → ❷ [결제수단 선
택] 터치 → ❸ [호출하기] 터치

《 **❶** [직접 결제하기] 터치 ➡
❷ [적용] 터치

결제수단에 등록한 카드가 없다면 '직접
결제하기'가 보일 겁니다. 택시에 탑승
해서 직접 기사님께 결제하는 방식으로,
익숙한 이 방법을 이용해도 됩니다.

》 [호출하기] 터치

'호출하기'를 누르면 택시 호출이 진행
됩니다.

TIP 카카오 T 앱에 미리 신용카드를 한 번만 등록해두면, 매번 결제할 필요가
없어요. 훨씬 간편한 방법이죠. 카드 등록 방법은 잠시 후에 다룰 거예요.

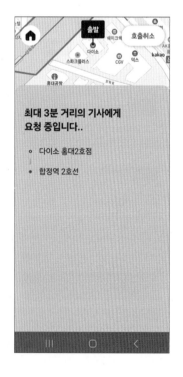

《 진행 현황을 보여줍니다. 택시가
안 잡히면 점점 더 멀리 있는 택시를 호
출하며, 호출 소요 시간도 늘어날 수 있
습니다.

》 차량 호출에 성공하면 택시 정보
및 위치가 보이는 지도 화면이 보입니
다. 택시 기사님께 전화도 할 수 있기 때
문에 편리합니다.

카카오 택시는 기사님이 오는 위치가 실시간으로 지도에 표시되기 때문에 확인할 수 있어 매우 편리합니다. 차량이 배치되면 차종, 차량 번호 그리고 기사님의 얼굴까지 확인할 수 있어 더욱 안심하고 이용할 수 있습니다.

 온선 노트

카카오 택시 종류, 뭐가 다를까요?

카카오 택시는 일반 호출, 벤티, 예약, 블랙 예약, 블루 등 다양한 종류가 있습니다. 각각 어떤 특징을 가지는지 확인하여 이용에 참고해보세요.

일반 호출
- 무료 호출로 보편적이며 일반 요금, 가장 가까운 차를 먼저 호출
- 목적지 노출됨 ➡ 간혹 승차 거부 있을 수 있음

카카오 T 블루
- 카카오에서 운영하는 택시, 유료 호출, 빠른 배차, 친절한 기사
- 목적지가 기사에게 안 보임 ➡ 승차 거부 없음

카카오 T 벤티
- 대형 택시, 최대 5인 탑승 가능
- 유료 호출, 지역 제한 있음

카카오 T 블랙
- 고급 차량, 예약 가능, 고가 요금
- 택시 표시 없음 ➡ 프라이버시 중시

모범택시
- 검은색 차, 금색 띠, 숙련 기사, 친절함
- 일반 택시보다 비쌈, 호출은 지역에 따라 상이

TIP 내 앞에 택시가 왔다고 해서 바로 타면 안 됩니다. 내가 실제로 호출한 택시가 맞는지, 한 번 더 차량 번호를 확인한 다음에 탑승하세요

3 호출한 택시 취소하기

앞서 진행한 **[2] '카카오 택시 호출하기'**의 마지막 이미지에서 확인할 수 있듯이, 카카오 택시는 기사님이 오는 위치를 실시간으로 지도에 표시해줍니다. 그리고 이미지 우측 상단에 '호출 취소' 버튼이 있는데요, 이 버튼을 누르면 택시 호출을 취소할 수 있습니다. 어떠한 과정으로 이루어지는지 살펴보겠습니다.

메뉴 미리 준비　홈 화면 ➡ [카카오 T] 앱 실행 ➡ [택시] ➡ 택시 호출

《《 ❶ 화면을 더 아래로 내림 ➡
❷ [호출 취소] 터치

➤➤ 취소 사유 선택

TIP 택시를 호출한 이후부터 진행한 과정으로 호출하지 않았다면, [호출 취소]가 보이지 않습니다.

택시 호출 후 1분 이내에 취소하면 추가 비용 없이 취소가 가능합니다. 다만 1분 이후에는 취소 수수료가 부과되며, 취소가 누적되면 불량 이용자로 분류되어 택시 호출이 제한될 수도 있으니, 부득이한 경우가 아니라면 취소를 자제하는 것이 좋습니다.

4 카드 추가/삭제/관리하기

카카오 T 앱의 결제수단에서 새롭게 카드를 등록하거나 이미 등록한 카드를 삭제하는 방법을 알려드립니다.

 카드 등록하기

카드 등록하기는 택시 요금이나 기타 서비스를 신용/체크카드로 간편하게 결제할 수 있도록 카드를 앱에 등록하는 기능입니다. 간단하니 다음 과정을 잘 따라오세요.

메뉴 미리 준비 　홈 화면 ➡ [카카오 T] 앱 실행

≫ [내 정보 🙎] 터치

≫ [결제수단 관리] 터치

≫ 신용/체크카드 [⊕ 추가] 터치

>> [앱 사용 중에만 허용] 터치

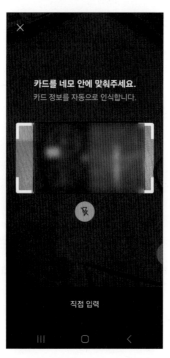

>> 실물 신용카드를 네모 안에 맞춰 주세요. 그러면 자동으로 인식합니다.

>> 카드 정보 확인 ➡ [다음] 터치
카드 정보 인식을 완료하면 카드 정보가 보입니다. 정보가 맞는지 확인하세요.

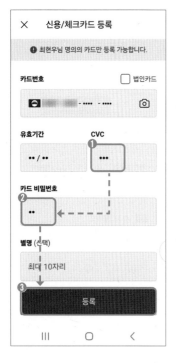

<< ❶ 카드에 적힌 CVC 번호 입력 ➡ ❷ 카드 비밀번호 입력 ➡ ❸ [등록] 터치

>> ❶ '모두 확인, 동의합니다.' 체크 ➡ ❷ [동의] 터치

안전한 사용을 위해 결제 비밀번호를 설정해주세요.

🔵 포인트를 충전, 선물하거나

🔳 결제할 때마다 비밀번호를 사용해요.

❶ ☑ 전체 동의

☑ (필수) 개인정보 수집 및 이용 동의   보기

❷ 비밀번호 설정

《《 ❶ [전체 동의] 터치 ➡ ❷ [비밀번호 설정] 터치

》》 등록된 카드가 목록에 추가되어 보입니다.

← 결제수단 관리

카카오 T 포인트   사용안내

⊕ 충전수단 추가

혜택 포인트 결제 시 최대 1% 적립! ›

신용/체크카드   사용안내

🔳 ▓▓▓▓▓▓▓   ⋮

⊕ 추가

NH농협카드 미지원

카카오페이   사용안내

🔳 KB 기업카드

카드 삭제하기

등록한 카드를 삭제하는 방법을 안내합니다. 직전 실습에 이어서 진행해주세요.

[메뉴 미리 준비]   홈 화면 ➡ [카카오 T] 앱 실행 ➡ [내 정보] ➡ 결제수단 관리

》》 ❶ 등록된 카드 이름 옆에 있는 [⋮] 터치 ➡ ❷ [카드 삭제] 터치

》》 [삭제] 터치
정말 삭제할 것인지 한 번 더 확인한 다음 카드를 삭제하세요.

부모님께 카카오 택시 호출해드리기

가끔 부모님이나 지인에게 택시를 보내드려야 하는 경우가 있을 텐데요. 카카오 택시는 택시를 대신 보내드리는 기능도 제공하고 있습니다. 앞 예제의 '호출하기' 화면부터 차근차근 설명하겠습니다.

메뉴 미리 준비   홈 화면 ➡ [카카오 T] 앱 실행 ➡ [택시] ➡ 택시 호출

≪ [본인탑승] 터치

≫ 연락 받을 전화번호 [직접 입력] 터치

기본적으로 본인 연락처가 선택되어 있으며, 기사님이 호출자를 못 찾으면 그때 연락을 해야 하는 필요한 정보입니다. 부모님이 타신 택시를 호출해드리는 경우라면 '직접 입력' 선택해주세요.

TIP 여러분의 전화번호가 기사님께 전달되는 것이 아니라 임시 가상 번호(안전 번호)로 전달되니 안심하세요

>> ❶ 탑승할 사람의 스마트폰 번호 입력 ➡ ❷ 개인 정보 수집 동의 터치 ➡ ❸ [확인] 터치

>> [호출하기] 터치
탑승자 전화번호가 변경된 것을 확인한 다음 택시 호출하기를 진행하세요. 이후 과정은 앞에서 다룬 예제와 같습니다.

 연락 받을 전화번호 변경에서 저장된 연락처 불러오기

혹시 연락처를 잘 외우지 못하더라도 이미 연락처에 등록되어 있다면, 다음 순서를 따라 진행해보세요.

메뉴 미리 준비

홈 화면 ➡ [카카오 T] 앱 실행 ➡ [택시] ➡ 택시 호출

>> '연락 받을 전화번호'에서 [연락처 선택] 터치

>> 연락 받을 분의 연락처 터치

>> ❶ 선택한 연락처 자동 입력 ➡ ❷ 개인 정보 수집 동의 터치 ➡ ❸ [확인] 터치

카카오 택시 멀티 호출하기

마지막으로 카카오 택시의 멀티 호출 기능을 알아보겠습니다. 멀티 호출은 친구의 택시도 한 번에 호출할 수 있는 기능으로, 같은 위치에서 여러 대의 택시를 호출해야 할 때 유용합니다. 최대 5대까지 호출이 가능하니, 먼저 자신의 택시는 기존 방식대로 호출한 다음 호출이 완료된 상태에서 다음 단계를 따라 실습해보세요.

메뉴 미리 준비   홈 화면 ➡ [카카오 T] 앱 실행 ➡ [택시] ➡ 택시 호출

《 화면을 아래로 내립니다.

》 [택시 추가 호출] 터치 ➡ 택시 호출 과정 동일하게 반복
'택시 추가 호출'을 누른 다음 처음 택시를 호출했던 과정을 반복하면 택시 멀티 호출이 됩니다.

TIP 전화번호를 입력할 때, 만약 다른 사람이 탑승하는 경우에는 해당 사람의 번호를 입력하고, 결제할 사람을 결정한 다음 결제 방식을 설정해주세요.

CHAPTER 24

'네이버 지도'로 실제 거리를 보면서 길찾기

길찾기, 거리뷰

영상 QR 코드

우리가 매일매일 다니던 그 길 말고, 낯선 장소에서 약속이 잡혔을 때 길을 찾다가 헤매던 경험이 다들 있으시죠? 네이버 지도 앱을 사용하면 실제 거리 사진으로 약속 장소까지 가는 길을 미리 확인할 수 있어요. 가보지 않은 장소를 원격으로 확인까지 가능합니다. 네이버 지도 활용법, 지금 알아볼게요.

'이 꿀팁' 언제 쓸까?

- 대중교통 길찾기 및 실시간 도착 정보 확인할 때
- 내비게이션 주행 기록을 저장하고 확인할 때
- 도보 길찾기 시 경로 따라가기 기능을 이용할 때
- 지하철 노선도에서 실시간 열차 위치를 확인할 때
- 멀리 있는 장소를 미리 원격으로 미리 확인할 때

TIP '길 찾기'가 원칙적인 표기(명사+용언)이지만, 이 책에서는 메뉴·서비스 이름으로 굳어진 '길찾기'를 예외적으로 사용하였습니다.

1 네이버 지도, 내비게이션 앱 설치하기

네이버 지도 앱은 길찾기, 교통 확인, 주변 정보 검색을 할 때 빠르고 정확하게 도와주는 필수 앱이에요. 네이버 지도 앱을 설치하면 다양하게 활용할 수 있으니, 먼저 설치부터 진행해 보도록 하겠습니다. 앱이 이미 있다면 여기는 건너뛰어도 됩니다.

메뉴 미리 준비   홈 화면

≫ [Play 스토어] 앱 실행

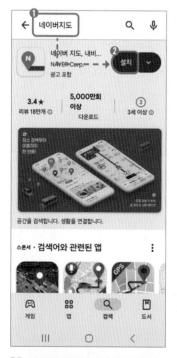

≫ ❶ 검색창에 '네이버 지도' 입력 ➡ ❷ '네이버 지도, 내비게이션' 앱의 [설치] 터치

≫ [열기] 터치

≫ ❶ 필수 약관 터치 ➡ ❷ [동의] 터치

《 [허용] 터치
네이버 지도 알림에 대한 안내로 알림을
받을지 말지 선택하세요.

》 [앱 사용 중에만 허용] 터치
기본적으로 지도 앱을 사용하려면 내
위치 정보를 공유하여 정확한 위치를
알려주는 것이 편리합니다. 따라서 '앱
사용 중에만 허용'으로 위치 정보를 공
유합니다.

》 [아니요] 터치
광고 알림 수신에 대한 안내로, 광고 수
신 여부를 선택하세요.

》 [확인] 터치
네이버 지도 앱 관련 안내 정보를 받을
지 말지 선택하세요.

》 지도상에 현재 내 위치가 기본으로
보입니다. 지도 위에 손가락 두 개를 벌
렸다 좁혀서 확대/축소를 할 수 있어요.

2 지도에서 길찾기

이제 본격적으로 출발지와 도착지를 지정해서 길찾기를 시작하겠습니다. 예시로 경복궁역을 출발지로, 청와대 앞을 도착지로 설정해보겠습니다. 이제 단계별로 따라해보세요!

메뉴 미리 준비   홈 화면 ➡ [네이버 지도] 앱 실행

>> [검색창] 터치

>> ❶ 검색창에 '경복궁역' 입력 ➡
❷ 검색 결과에서 '경복궁역 3호선' 터치

>> [출발] 터치
위에는 지도에 '경복궁역 3호선'의 위치를 볼 수 있고, 아래에는 지하철 운행 정보가 보입니다. '출발'을 눌러 선택한 역을 출발지로 지정합니다.

>> '도착지 입력'에 도착지 입력

≪ ❶ '청와대입구' 입력 ➡ ❷ 검색 결과에서 '청와대입구' 터치

≫ [도보 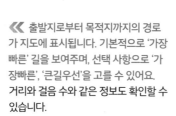] 터치
경복궁역에서 청와대입구까지 버스, 자가용, 도보, 자전거 기준으로 경로를 확인할 수 있는 메뉴가 보입니다. 걸어가는 방법을 알아보겠습니다.

≪ 출발지로부터 목적지까지의 경로가 지도에 표시됩니다. 기본적으로 '가장 빠른' 길을 보여주며, 선택 사항으로 '가장빠른', '큰길우선'을 고를 수 있어요. 거리와 걸음 수와 같은 정보도 확인할 수 있습니다.

≫ [상세경로] 터치
'큰길우선'을 선택한 다음 자세한 경로를 확인하기 위해 '상세경로'를 실행합니다.

≪ 선택한 대로 '큰길우선'으로 경로가 나왔네요. 경로를 살펴보면 차례대로 사진과 함께 가는 길이 안내되고 있습니다.

≫ ❶ 경복궁역(정부서울청사) 4번 출구를 터치해보세요. 지도에 ① 위치가 표시됩니다. 이어서 다음 경로도 터치하면 마지막 목적지까지 지도상에서 경로를 확인할 수 있습니다.

TIP 상세경로를 보면 번호와 함께 위치 사진이 보입니다. 방향이 바뀌는 각 지점 또는 길을 찾는데 도움이 되는 상호나 표식에 따라 목적지까지 도달할 수 있도록 구분되어 있습니다.

3 실제 거리뷰로 길찾기

네이버 지도의 강력한 기능 중 하나는 바로 거리뷰입니다. 이 기능을 통해 실제로 해당 거리나 경로를 미리 체험할 수 있어, 목적지 주변 환경을 사전에 확인하는 데 큰 도움이 됩니다. 어떻게 보이는지 알아보겠습니다.

메뉴 미리 준비   홈 화면 ➡ [네이버 지도] 앱 실행 ➡ 출발지와 도착지 입력

≪ [위치 ♡] 터치

그런데 우리가 거리뷰를 통해 알고 싶은 것은 실제 거리를 걷듯이 따라가면서 확인하고 싶은 거잖아요? 오른쪽에 있는 위치 아이콘을 누르면 확인할 수 있습니다.

위치 정보와 함께 사진이 보여요

≫ '위치 사진' 터치

그러면 지도에 위치 아이콘과 사진 하나가 보입니다.

T I P 거리뷰는 연한 보라색 선이 표시된 곳만 볼 수 있어요

≫ 드디어 실제 거리뷰가 보입니다. 촬영 날짜도 보이네요. 사진에 손가락을 대고 사방으로 시야를 전환하면 주변도 확인할 수 있어요.

≫ [동그라미 ◎] 터치

사방으로 시야를 변경하다 보면 동그라미 모양을 볼 수 있어요. 이 동그라미를 눌러보세요.

≫ 그러면 터치한 ♡ 위치로 이동합니다.

≫ 거리뷰를 끝내려면 사진 터치 ➡
오른쪽에 나타나는 버튼 중 [❌] 터치

≫ ①의 사진 안에 있는 [위치 ♡]
터치

≫ 이동 경로가 파란선으로 보입니다.
이 선을 따라 이동하면서 경로를 확인할
수 있습니다. 이동을 빠르게 하고 싶다
면 두 번 터치하세요.

4   거리뷰 활용 꿀팁

앞서 거리뷰를 활용해 파란색 선을 따라 목적지까지 이동하는 방법을 알아보았습니다. 하지
만 이동 경로에 있는 모든 세부사항을 외우기는 어렵기 때문에, 방향이 바뀌는 각 지점(번호)
에서 꼭 기억해야 할 상호나 표식을 기억해두는 것이 더 효과적입니다. 무엇보다도 이렇게 하
면 멀리 있는 장소를 직접 가보지 않고도 미리 확인할 수 있어서 정말 유용합니다. 이번에는
거리뷰를 유용하게 활용할 수 있는 꿀팁을 소개합니다.

경로 이동 기억하기 꿀팁

네이버 거리뷰의 상세경로에 나온 거리 사진을 이용해 경로를 익힌 다음 목적지를 찾아가는 방법과 직접 길을 찾아가면서 거리뷰에 있는 이미지와 실시간 위치를 비교해가며 찾아가는 방법이 있습니다. 먼저 실시간 나의 위치와 네이버 경로를 비교하며 목적지를 찾아가는 방법을 살펴보겠습니다.

메뉴 미리 준비   홈 화면 ➡ [네이버 지도] 앱 실행 ➡ 출발지와 도착지 입력 ➡ 거리뷰 터치

➤➤ ❶ 상세경로 살펴보기 ➡ ❷ 경로 사진 클릭

➤➤ 시야를 조절해 '다이소'와 같이 익숙하거나 중요 건물 또는 표식을 확인합니다. 길에 있는 모든 건물을 외울 수는 없으니 이동 중 회전이나 건널목 같이 방향이 바뀌는 중요 위치에서만 확인하면 됩니다.

➤➤ ❶ 이동 중에 현재 내 위치를 확인하고 싶으면 사진 터치 ➡ ❷ [✕] 터치 거리뷰에 있는 이미지와 실시간 위치를 비교해가며 찾아가는 방법을 알아보기 위해 상세경로 보기를 종료합니다.

≪ [내 위치 ⊙] 터치
거리뷰에 있는 이미지와 실시간 위치를 비교해가며 경로를 찾아갑니다.

≫ ─── 부분을 아래로 내리세요.
내 위치가 표시되며, 목적지와 얼마나 거리가 남았는지 확인하고 싶다면 ───를 아래로 내려 전체 화면으로 지도를 확인해보세요.

 미리 방문하는 용도로 사용하는 꿀팁

네이버 거리뷰는 미리 방문할 곳을 사전에 확인하는 용도로 효과적으로 활용할 수 있습니다.

[메뉴 미리 준비] 홈 화면 ➡ [네이버 지도] 앱 실행

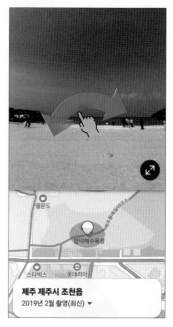

≫ ❶ '함덕해수욕장' 검색 ➡ ❷ 검색 결과에서 '함덕해수욕장' 터치

≫ ❶ [위치 ♡] 터치 ➡ ❷ '위치 사진' 터치

≫ 이쪽저쪽 시야를 옮겨보세요. 그러면 직접 가보지 않더라도 해당 장소를 확인할 수 있습니다.

쿠팡 가입부터 주문·배송· 취소까지 한 번에 알아보기
가입, 주문, 주문 취소

영상 QR 코드

물건 구매, 보통 어떻게 하시나요? 저 같은 경우, 일주일에 서너 번 정도 쿠팡에서 물건을 구매합니다. 무거운 세제나 휴지처럼 부피가 큰 제품, 그리고 당장 내일 필요해진 물건을 급히 주문할 때 특히 편리하죠. 잠들기 전 "내일 아침에 먹을 게 없네?" 싶을 때도 쿠팡 앱을 켭니다. 예전에는 "동네 마트가 더 싸겠지?", "다른 온라인몰이 더 저렴하지 않을까?" 라며 여러 사이트를 비교했지만, 막상 살펴보니 가격이 같거나 오히려 쿠팡이 더 저렴한 경우가 많았습니다. 많은 분이 쿠팡 쇼핑에 관심을 가질 텐데요, 이제부터 쿠팡 앱 설치부터 상품 검색, 주문 배송 조회, 주문 취소에 이르기까지 전 과정을 스마트폰으로 따라 하기 쉽게 순서대로 안내하겠습니다.

'이 꿀팁' 언제 쓸까?

- 무겁고 부피 큰 생필품을 구매할 때
- 급하게 내일 아침 사용할 물건이 필요할 때
- 선물이나 집들이 용품을 보낼 때
- 잠들기 전, 갑자기 떠오른 필요한 물건을 주문할 때
- 매일매일 올라오는 특가 상품이나 할인 쿠폰을 이용해 저렴하게 구매하고 싶을 때

아마 많은 분이 이미 쿠팡을 이용하고 있으리라 생각됩니다. 아직 시작하지 않은 분들을 위해 쿠팡 앱 설치부터 로그인 · 회원가입까지의 과정을 먼저 안내하겠습니다. 이미 사용 중이라면 이 부분은 건너뛰세요.

메뉴 미리 준비   홈 화면

≫ [Play 스토어] 앱 실행

≫ 검색창에 ❶ '쿠팡' 입력 ➡ ❷ '쿠팡' 터치

≫ [설치] 터치

≫ [열기] 터치
설치가 완료되면 '열기'를 눌러 쿠팡 앱을 실행하세요.

>> [허용 안함] 터치
처음 실행하면 알림을 보낼지 물어봅니다. 알림을 받을지 말지 선택하세요.

>> [확인] 터치
쿠팡 앱 이용을 위한 권한을 요청합니다.

>> ❶ 이메일 또는 휴대폰 번호로 로그인 또는 ❷ [회원가입] 터치
회원가입이 되어 있지 않다면 '회원가입'을 진행해주세요.

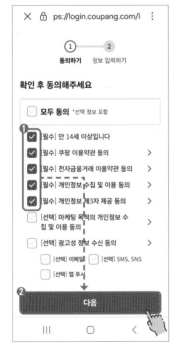

>> ❶ [필수]만 선택 ➡ ❷ [다음] 터치

>> 이름을 입력합니다.

>> 이메일을 입력합니다.

《 ❶ 휴대폰 번호 입력 ➡ ❷ [인증 요청] 터치

휴대폰 번호를 입력하여 인증 절차를 진행합니다.

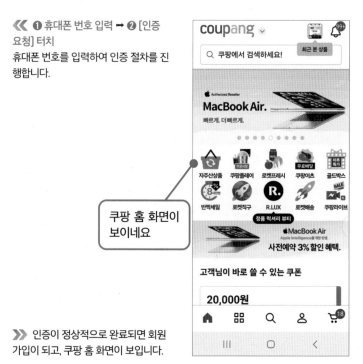

쿠팡 홈 화면이 보이네요

》 인증이 정상적으로 완료되면 회원 가입이 되고, 쿠팡 홈 화면이 보입니다.

2 결제 수단 추가하기

쿠팡을 이용할 때 가장 큰 장점은 결제가 정말 간편하다는 점입니다. 신용카드나 계좌를 한 번만 등록해두면 이후에는 몇 번의 터치만으로 결제가 완료되고, 충전식 결제 수단인 '쿠페이 머니'도 함께 제공됩니다. 지금부터 이 세 가지 결제 방식을 하나씩 살펴보겠습니다. 모두 등록할 필요 없이 가장 편리한 방법만 선택하면 됩니다.

쿠페이 머니 설정하기

쿠페이 머니는 은행 계좌를 연결해 충전한 다음 충전한 쿠페이 머니로 결제하는 서비스입니다. 잔액이 부족할 경우 결제할 때마다 자동으로 10만 원 단위로 충전되며, 결제 금액의 1%를 쿠팡캐시로 적립받을 수 있습니다(월 최대 1만 원).

메뉴 미리 준비   홈 화면 ➡ [쿠팡] 앱 실행

>> ❶ [👤] 터치 ➡ ❷ 화면을 아래로
내린 다음 ➡ ❸ [결제수단·쿠페이] 터치

>> 쿠페이 머니의 [충전] 터치

>> 충전방법의 [선택하기] 터치

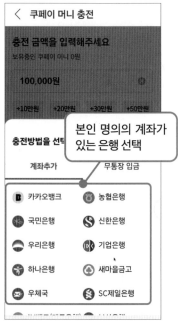

>> [등록할 본인 명의의 계좌가 있는
은행] 터치

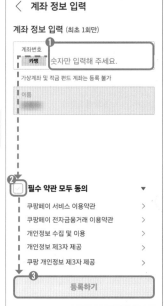

>> ❶ 계좌번호 입력 ➡ ❷ '필수 약관
모두 동의' 선택 ➡ ❸ [등록하기] 터치

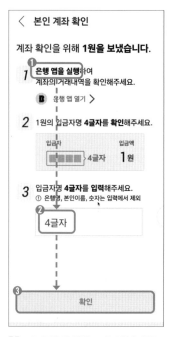

>> ❶ 은행 앱 실행 ➡ ❷ 1원을 입금
한 입금자명을 확인하여 입력 ➡ ❸ [확
인] 터치

입력한 여러분의 계좌에 1원이 입금됩
니다. 은행 앱을 실행하여 1원을 입금한
입금자명을 확인하여 다시 설정 화면으
로 돌아와 정보를 입력합니다.

TIP 모바일 뱅킹으로 가장 최근에 입금한 사람의 이름을 알려달라고 해도 됩
니다.

《 ❶ 통신사 및 스마트폰 번호 입력 → ❷ [ARS 인증 전화 받기] 터치
ARS 인증을 해야 합니다. 통신사 및 휴대폰 번호를 입력하여 ARS 인증을 진행하세요.

≫ 통화 중에 생년월일 6자리 입력 → [인증 완료] 터치
전화가 걸려올 겁니다. 안내에 따라 정보를 입력하세요.

≫ [확인] 터치
본인 정보가 맞는지 확인하세요.

≫ [확인] 터치

≫ ❶ 충전할 금액을 선택 → ❷ [충전하기] 터치
금액을 충전하면 충전 금액이 계좌 이체되어 쿠페이 머니로 충전됩니다.

은행 계좌 등록하기

이제 은행 계좌를 등록해보겠습니다. 이미 '쿠페이 머니'를
이용 중이라면 계좌가 등록되어 있으므로, 특별한 사유가 없
다면 다시 등록할 필요가 없습니다. 다만, 한 개 이상의 계좌
를 추가로 등록할 수 있는데요, 여기서는 추가 계좌 등록 과
정을 살펴보겠습니다. 앞서 다룬 내용 반복이므로, 불필요하
다면 이 부분은 건너뛰어도 됩니다.

메뉴 미리 준비 홈 화면 ➡ [쿠팡] 앱 실행 ➡ [👤] 실행
➡ 결제수단·쿠페이

≫ [계좌·카드] 터치

≫ [+ 결제수단 등록] 터치

≫ [은행계좌] 터치

≫ [등록할 본인 명의의 계좌가 있는
은행] 터치

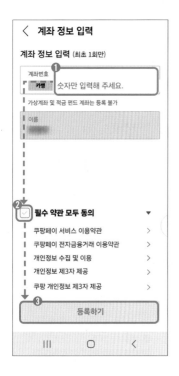

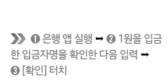
≪ ❶ 계좌번호 입력 ➡ ❷ [필수 약관 모두 동의] 선택 ➡ ❸ [등록하기] 터치

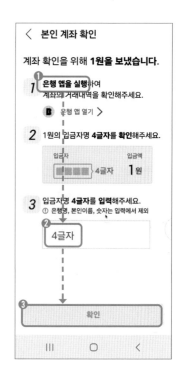

≫ ❶ 은행 앱 실행 ➡ ❷ 1원을 입금한 입금자명을 확인한 다음 입력 ➡ ❸ [확인] 터치

≪ ❶ 통신사 및 휴대폰 번호 입력 ➡ ❷ [ARS 인증 전화 받기] 터치
ARS 인증을 진행하세요.

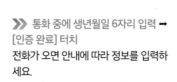
≫ 통화 중에 생년월일 6자리 입력 ➡ [인증 완료] 터치
전화가 오면 안내에 따라 정보를 입력하세요.

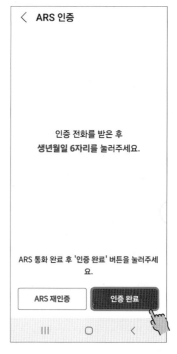

≪ [확인] 터치
본인 정보가 맞는지 확인하세요.

≫ [확인] 터치

마지막으로 카드를 등록해보겠습니다.

메뉴 미리 준비   홈 화면 ➡ [쿠팡] 앱 실행 ➡ [👤] 실행 ➡ 결제수단·쿠페이

≪ [계좌·카드] 부분을 터치

≫ [+ 결제수단 등록] 터치

≫ [신용/체크 카드] 터치

≫ [앱 사용 중에만 허용] 터치

≫ 카드를 가운데 사각형에 맞춰주세요. 그러면 카드 정보를 자동 인식합니다.

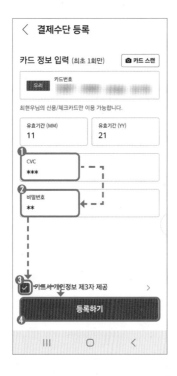

≪ ❶ CVC 번호 입력 ➡ ❷ 비밀번호 앞 두 자리 입력 ➡ ❸ '카드사 개인 정보 제3자 제공' 선택 ➡ ❹ [등록하기] 터치
자동으로 입력한 정보를 확인하고 등록 과정을 진행하세요.

≫ [확인] 터치

3 배송지 등록하기

물건을 받을 배송지를 등록하는 방법을 알아보겠습니다. 참고로 배송지는 하나 이상 등록할 수 있으며 선택/변경할 수 있습니다.

메뉴 미리 준비   홈 화면 ➡ [쿠팡] 앱 실행 ➡ [😃] 실행

≫ '가입자 이름' 터치

≫ '내정보관리'에 있는 [주소록 관리] 터치

≫ [+ 배송지 추가] 터치

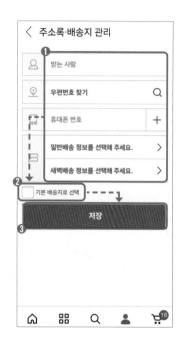

《 ❶ 받는 사람 정보 입력 ➡ ❷ [기본 배송지로 선택] ➡ ❸ [저장] 터치

받는 사람의 이름, 주소, 휴대폰 번호 등 정보를 차례대로 입력하세요. 또한 '일반배송'과 '새벽배송' 정보도 선택할 수도 있습니다. 주문할 때마다 이 배송 정보를 사용한다면 '기본 배송지로 선택'을 한 다음 '저장'을 누르면 정보가 저장됩니다.

> **TIP** 주소록 · 배송지 관리에서 휴대폰 번호 옆의 [+]를 누르면 번호를 하나 이상 등록할 수 있어요.

4 스마트폰으로 쿠팡 상품 검색 및 구매하기

결제 수단과 배송지 등록을 마쳤으니, 이제 본격적으로 쇼핑을 시작해볼까요? 쿠팡에서 쇼핑하려면 먼저 상품을 찾은 뒤 주문을 진행해야 합니다. 가장 간단한 상품 찾기 방법은 검색창에 원하는 키워드를 입력하는 것인데요. 예를 들어, '생수 2리터' 제품이 필요하다고 가정하고 검색한 다음 구매해보겠습니다. 검색 결과 화면에서 확인할 수 있는 주요 정보와 꿀팁도 함께 알려드릴게요.

메뉴 미리 준비 | 홈 화면 ➡ [쿠팡] 앱 실행

≪ 검색창에 '생수 2리터' 검색 ➡ 두 번째 상품(평창수) 터치
그러면 검색어와 연관된 상품이 검색됩니다. 검색 결과를 아래로 쭈욱 내리면 다양한 상품이 보입니다.

❶은 검색된 상품명과 용량, 수량을 볼 수 있습니다. 특히 수량은 유의해서 확인하세요. 12병만 필요한데, 60병을 주문할 수도 있으니까요!

❷는 가격으로, 정가 대비 할인가 또는 가격만 보여주기도 합니다.

생수의 경우 ❸ 리터당 단가를 제공하기도 합니다. 절대 가격보다는 단가를 비교해야 더 저렴한 제품을 구매할 수 있습니다.

❹ 로켓 표시가 있어야 로켓배송이 됩니다. 모든 제품에서 로켓배송 서비스를 제공하지는 않습니다. 쿠팡에서 인기 제품을 미리 대량으로 구입해서, 쿠팡의 물류 창고에서 배송하기 때문에 빠른 배송이 가능합니다. 급하게 필요하다면 로켓배송이 있는 상품을 구매하는 편이 좋습니다. 여기에 배송 보장 날짜까지 확인하면 더 확실하겠죠?

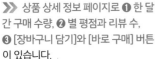

>> 상품 상세 정보 페이지로 ❶ 한 달간 구매 수량, ❷ 별 평점과 리뷰 수, ❸ [장바구니 담기]와 [바로 구매] 버튼이 있습니다.

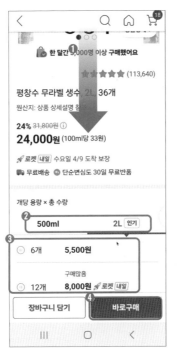

>> 상품 선택 ➡[바로 구매] 터치, ❶ 아래로 조금 내려볼게요. '생수 2리터'를 검색했지만 ❷ 500미리와 2리터 중에 선택할 수 있습니다. ❸ 개수도 6개, 12개 등 다양하게 제공하고 있습니다. 12개 사면 대략 3천원이 절약되네요. ❹ 상품을 구매하려면 [바로구매]를 터치하세요.

>> [밀어서 결제하기] 터치
이미 배송 주소와 결제 정보를 등록했기 때문에 '밀어서 결제하기' 버튼 위에 손가락을 대고 왼쪽에서 오른쪽으로 밀면 주문이 완료됩니다.

T I P 배송지와 결제방식은
[변경] 버튼을 터치해 변경할 수 있어요

주문한 내역을 확인하고 주문을 취소하는 방법을 알아보겠습니다.

메뉴 미리 준비 홈 화면 ➡ [쿠팡] 앱 실행 ➡ [👤] 실행

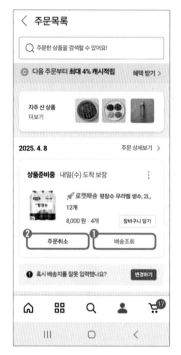

≫ 이 화면에서 '배송 중 상품 정보'를 알 수 있습니다. 방금 구매한 생수는 내일 도착하는군요. [주문목록] 또는 구매한 상품을 터치하세요.

≫ ❶ [배송조회] 터치 ➡ 배송 현황 확인
❷ [주문취소] 터치 ➡ 주문을 취소할 수 있음
여기서 [배송조회]를 누르면 배송 현황을 자세히 확인할 수 있습니다. 주문 취소가 목적이므로 [주문취소]를 누릅니다.

≫ 주문취소할 상품 선택하여 터치 ➡ [다음 단계>] 터치

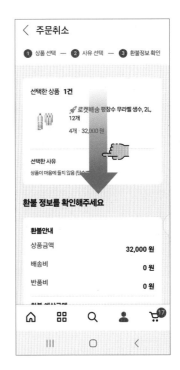

≪ ❶ 취소 사유 선택 → ❷ [다음 단계 >] 터치

≫ 화면을 아래로 내려보세요. 그러면 주문 취소에 대한 정보가 보입니다.

T·I·P 단순변심 취소를 너무 자주하면 불량고객으로 등록될 수 있으니 유의해주세요.

≫ [신청하기] 터치

≫ ❶ '장바구니 다시 담기' 선택하지 X → ❷ [확인] 터치

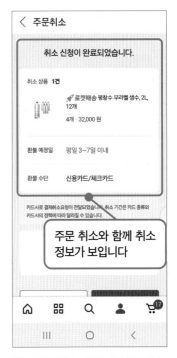

≫ 주문이 취소되었습니다. 주문취소와 함께 취소 정보가 보입니다.

6 와우 멤버십 가입하기

쿠팡 '와우 멤버십'은 월 7,890원으로 다음과 같은 다양한 혜택을 누릴 수 있는 유료 회원 서비스입니다. 평소 쿠팡을 자주 이용한다면 와우 멤버십을 가입하는 편이 좋습니다. '와우 멤버십'은 로켓배송 · 로켓프레시 무료 이용, 로켓와우 전용 특가 상품 할인, 쿠팡플레이 무료 스트리밍 시청, 일부 해외 직구 상품 추가 할인 등 다양한 서비스를 제공합니다. 이처럼 풍성한 혜택을 고려할 때, 쿠팡을 자주 이용하는 분이라면 와우 멤버십이 훨씬 유리합니다.

[메뉴 미리 준비] 홈 화면 ➡ [쿠팡] 앱 실행 ➡ [👤] 실행

≫≫ '회원 이름(아이디)' 터치

≫≫ [와우 멤버십] 터치

≫≫ [와우 멤버십 신청하기] 터치

쿠팡이츠 완전 정복하기
음식 주문하기

영상 QR 코드

예전에는 음식을 주문할 때 직접 가서 하거나, 전화로 "짜장면 한 그릇 갖다 주세요"라고 했을 겁니다. 요즘에는 스마트폰 앱 하나만 있으면 어디서든 간편하게 배달 주문이 가능하다는 사실, 알고 계셨나요? 평소 많이 사용하는 쿠팡 앱을 활용해 우리 동네 맛집에서 음식 주문하는 방법을 알려드립니다. 배민 앱도 많이 사용하지만, 이미 설치된 쿠팡 앱만 있으면 쿠팡이츠까지 하나로 OK! 지금 바로 확인해보세요.

'이 꿀팁' 언제 쓸까?

- 빠른 배달이 필요할 때 : '한집 배달' 방식을 선택할 수 있어요.
- 배달비를 절약하고 싶을 때 : 쿠팡의 '와우 멤버십'에 가입하면 쿠팡이츠에서 무제한 무료배달 혜택을 받을 수 있어요.
- 실시간 배달 현황을 확인하고 싶을 때
- 쿠팡과의 연계 혜택을 누리고 싶을 때
- 다양한 프랜차이즈 음식을 주문하고 싶을 때

1 쿠팡이츠 시작하기

쿠팡 앱 하나만 있으면 바로 쿠팡이츠를 이용할 수 있다는 사실을 알려드렸습니다. 여기서는 쿠팡 앱을 실행한 후 중간에 위치한 '쿠팡이츠' 메뉴를 찾아 들어가는 방법을 안내합니다. 쿠팡이츠는 배달의민족 같은 음식 배달 서비스 앱으로, 와우 멤버십에 가입한 상태라면 '무료 배달' 서비스를 제공받아 부담 없이 주문할 수 있습니다.

메뉴 미리 준비   홈 화면 ➡ [쿠팡] 앱 실행

《《 [쿠팡이츠] 터치

》》 이벤트 팝업창이 뜨면 [×]를 눌러 없애줍니다.

2 음식 주문하기

쿠팡이츠에는 식사뿐만 아니라 디저트와 커피까지 정말 다양한 메뉴가 준비되어 있습니다. 실제로 음식 주문 과정을 알아보기 위해 디저트 주문을 예시로, 쿠팡이츠에서 원하는 음식을 검색해 장바구니에 담고 결제하는 과정을 차근차근 안내하겠습니다. 시켜 보고 싶은 메뉴를 자유롭게 골라보세요.

메뉴 미리 준비 홈 화면 ➡ [쿠팡] 앱 실행 ➡ 쿠팡이츠

»» ❶ 현재 잡힌 주소 확인 ➡ ❷ [더보기] 터치
위의 주소 확인 메시지에 X를 눌러 없앤 다음 주소가 맞는지 확인합니다. 그 아래에는 다양한 음식 종류가 보이며, [더보기]를 누르면 더 많은 메뉴가 나타납니다.

»» [디저트] 터치
음식 메뉴에서 주문하고 싶은 메뉴를 선택합니다. 먹고 싶은 음식을 직접 검색해도 되지만, 따로 글자를 입력하기 귀찮으므로 터치 방식으로 진행하겠습니다.

»» 화면을 아래로 내리면서 마음에 드는 메뉴를 찾아보세요. 여기서는 맨 위에 있는 메뉴를 선택해보았습니다.

PART 04

6가지 필수 앱 사용법과 활용 꿀팁

▶▶ ❶ 최소 주문 금액 확인 ➡ ❷ 주
문할 메뉴 선택
최소 주문 금액이 가게마다 다릅니다.
최소 주문 금액을 확인한 다음 화면을
아래로 내리면서 마음에 드는 메뉴를
선택하세요.

▶▶ [장바구니 🛒] 터치
마음에 드는 메뉴 옆에 보이는 🛒을 누
르면 음식이 장바구니에 추가됩니다.

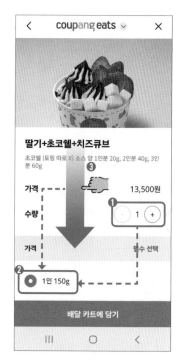

▶▶ ❶ 수량 확인 ➡ ❷ 주문 옵션 설정
➡ ❸ 화면 아래로 내리기

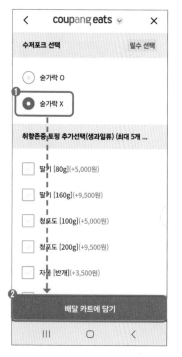

◀◀ ❶ '필수 선택' 확인 ➡ ❷ [배달 카
트에 담기] 터치
'필수 선택'은 꼭 선택을 해야 합니다. 여
기서는 숟가락 제공 여부를 필수로 선택
하게 되어 있네요. 선택사항을 다 확인
했다면 다음으로 넘어가세요.

▶▶ ❶ 최소 주문 금액 + 추가할 메뉴
확인 ➡ ❷ [카트보기] 터치
최소 주문 금액을 넘었다면 이대로 주문
해도 되고, 더 추가하고 싶은 메뉴가 있
다면 선택해서 카트에 담아도 됩니다.

≪ 그러면 추천 메뉴창이 뜹니다. [아니요, 괜찮아요]를 터치하여 다음 단계로 넘어가세요.

와우 회원이 아니면 '세이브 배달'이 보여요

➤➤ ❶ 배달 방식 선택 ➡ ❷ 화면 아래로 내리기

배달 방법을 선택하는 창이 보입니다. 원하는 방식을 선택하세요. 보통 배달은 한 집 이상, 여러 집을 배달하게 됩니다. 내 집만 빠르게 별도로 배달하기를 원한다면 [한집배달]을 선택하세요. 그러면 더 빨리 배달이 됩니다.

> **TIP** 와우회원이라면 무료배달 옵션이 있습니다. 와우회원이 아니면 '세이브배달' 방식이 보일 겁니다. 와우회원은 월 8천원으로 무료 배달 혜택을 누릴 수 있습니다.

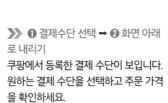

≪ ❶ 할인쿠폰 적용 확인 ➡ ❷ 화면 아래로 내리기

할인쿠폰을 보유하고 있다면 자동 적용되며, 쿠폰 적용을 확인하세요.

➤➤ ❶ 결제수단 선택 ➡ ❷ 화면 아래로 내리기

쿠팡에서 등록한 결제 수단이 보입니다. 원하는 결제 수단을 선택하고 주문 가격을 확인하세요.

>> ❶ 가게에 요청사항 입력 ➡ ❷ [가격 + 결제하기] 터치

가게에 요청사항을 입력할 수 있습니다. '양파 빼주세요' 같은 주문 말이죠. 일회용 수저/포크를 받을지 여부, 수령 장소 등 배달기사님한테 요청 사항도 전달할 수도 있습니다. 마지막으로 '결제하기'를 누르면 주문이 완료됩니다.

쿠팡이츠로 간단하게 배달 주문하는 방법을 익혔습니다. 이제 친구들이 놀러오거나 가족들이 집에 왔을 때 "얘들아, 내가 주문했어, 맛있게 먹어"라고 자신 있게 말할 수 있죠. 어렵지 않으니, 쿠팡 앱이 설치된 스마트폰으로 꼭 한 번 따라해보세요.

PART 05

일상생활에 필요한
유용한 꿀팁

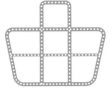

CHAPTER 27

스마트폰을 '휴대용 자'로 이용하기

길이 재기, 키 재기, 공간 크기 재기

영상 QR 코드

자 없이도 물건의 길이를 잴 수 있는 방법을 알려드리겠습니다. 자가 없을 때 길이를 가늠하기가 쉽지 않은데요. 이제 여러분이 갖고 있는 스마트폰으로도 간단하게 길이를 측정할 수 있는 방법을 소개해드릴게요. 물론 기종마다 차이가 있을 수 있으니, 지금 여러분 스마트폰을 열어 영상에서 설명하는 대로 한 번 따라해보세요. 정말 간단하니까 바로 시작해보도록 하겠습니다.

'이 꿀팁' 언제 쓸까?

- 물건의 길이, 높이, 면적 등을 측정할 때
- 실내 공간의 크기를 빠르게 확인할 때
- 벽에 그림이나 가구 배치를 시뮬레이션할 때
- 신체 치수(키 등)를 간단히 측정할 때
- 평면 또는 부피를 시각적으로 비교할 때

스마트폰에서 '간편 측정' 기능 찾기

스마트폰을 자처럼 사용하는 기능은 카메라 앱에 숨겨져 있습니다. 카메라 앱에서 측정 기능을 활성화하는 작업을 진행하겠습니다.

 측정 기능으로 진입 및 설치하기

카메라 앱을 실행한 다음 측정 기능에 진입 및 설치하는 방법을 알려드리겠습니다. 이 기능은 물건의 길이를 측정할 때마다 유용하게 사용할 수 있으니, 한 번 따라해보세요.

메뉴 미리 준비   홈 화면

>>> [카메라] 앱 실행

>>> [더보기] 터치

>>> [AR 존] 터치

PART 05

음성생활에 필요한 유용한 꿀팁

≪ [간편 측정 ↓] 터치

≫ [설치] 터치
이로써 '간편 측정' 설치를 완료했습니다.

측정 기능 활성화하기

측정 기능은 기본적으로 스마트폰에 설치되어 있지 않기 때문에, 처음 한 번만 설치하면 됩니다. 설치한 다음 설정하는 작업도 한 번만 진행하면 이후로 계속 사용할 수 있으니, 지금 바로 실행해보세요.

[메뉴 미리 준비]   홈 화면

≫ ❶ 손가락을 대고 위로 올려주세요. ➡ ❷ [간편 측정] 앱 실행

≪ [앱 사용 중에만 허용] 터치
처음 실행되면 권한을 요청합니다.

≫ [제한된 액세스 허용] 터치
이로써 '간편 측정' 앱의 설정이 완료됩
니다. 이후 '액세스할 사진과 동영상을
선택'하라는 메시지가 나옵니다. 자유롭
게 선택 여부를 결정하세요.

≪ ❶ 파일 선택 ➜ ❷ [허용 안 함]
터치
원하는 파일을 선택하고 '허용'하거나,
아무것도 선택하지 않은 상태에서 '허용
안 함'을 눌러 다음 단계로 넘어가세요.

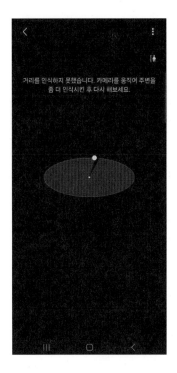

≫ 이제 '간편 측정'이 실행됩니다.

간편 측정 기능을 활성화했
으니 이제 실제 물건을 측정
해보겠습니다.

> 메뉴 미리 준비
>
> 홈 화면 ➡
> [간편 측정] 앱 실행

>>> 핸드크림을 바닥에 놓고 카메라를
움직여봅니다.

>>> 계속 움직이다 보면 ❶ 동그라미
와 그 정가운데에 점이 하나 생깁니다.
❷ 물체까지의 거리도 보여줍니다.

<<< ❶ 점을 물체의 끝부분에 맞추기
➡ ❷ [⊕] 터치
화면에서 안내하는 대로 핸드크림의 끝
부분을 맞춘 다음 측정을 시작합니다.

>>> 점을 측정하려는 위치로 옮긴 후,
❶ 다시 한 번 + 버튼을 눌러주세요. 그
러면 ❷ 측정한 거리를 선으로 표시하
면서 길이를 보여줍니다. 이 핸드크림의
길이는 14cm네요.

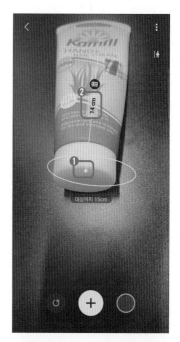

TIP 측정은 여러 번 가능합
니다. 만약 잘못 잰 경우에는 [휴지통
🗑]을 클릭하면 됩니다.

이 방법이 완전히 정확하진 않지만 대략의 결과를 보여줍니다. 적어도 보폭이나 한 뼘보다는 정확합니다. 예를 들어 방의 길이를 재고 싶을 때 한쪽 끝에서 반대쪽 벽을 향해 측정하면 벽까지의 거리가 표시되어 방의 길이를 쉽게 잴 수 있습니다.

3 측정 기능으로 키 측정하기

놀랍게도 키도 측정할 수 있습니다. 앞서 여러 번의 측정을 통해 길이를 재는 방법을 소개했지만, 이 방법은 한 번만 측정하는 방식으로, 더욱 간편하게 키를 측정할 수 있게 도와줍니다.

[메뉴 미리 준비] 홈 화면 ➡ [간편 측정] 앱 실행

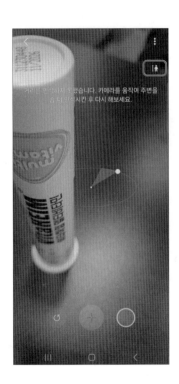

≪ [👤] 터치

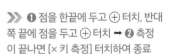
측정할 물체의 양쪽 끝에 맞추기

≫ ❶ 점을 한끝에 두고 ⊕ 터치, 반대쪽 끝에 점을 두고 ⊕ 터치 ➡ ❷ 측정이 끝나면 [× 키 측정] 터치하여 종료

스마트폰의 측정 기능은 자처럼 0.1cm 단위의 정밀도를 보장하지는 않습니다. 터치 위치에 따라 결과가 다소 달라질 수 있지만, 급할 경우 대략적으로 측정을 해야 할 때는 매우 유용합니다. 언제든지 손쉽게 길이를 측정할 수 있어 꽤나 실용성적인 기능입니다.

CHAPTER 28

공짜로 스마트폰 '돋보기' 이용하기

돋보기, 글자 키우기

영상 QR 코드

돋보기를 들고 다니는 건 정말 불편하죠? 그런데 이제는 스마트폰만 있으면 더 이상 별도로 돋보기를 지닐 필요가 없습니다. 스마트폰에 내장된 돋보기 기능이 무료로 제공되거든요. 어떻게 설정하는지 지금부터 자세히 알아보겠습니다. 또한, 다양한 화면 및 키보드 설정을 통해 접근성을 높이는 방법도 안내할 예정입니다. 이를 통해 여러분의 스마트폰 사용 효율성을 크게 향상시킬 수 있을 것입니다.

'이 꿀팁' 언제 쓸까?

- 돋보기를 두고 나왔을 때
- 메뉴판의 작은 글씨를 읽기 어려울 때
- 작은 물체를 자세히 확인할 때
- 네이버 앱에서 글자가 너무 작아 잘 안 보일 때
- 어두운 환경에서 물건을 자세히 볼 때

1 돋보기 기능 설정하기

실제 돋보기가 없어도 언제나 가지고 다니는 스마트폰을 이용하여 화면을 확대해서 글자나 그림을 크게 볼 수 있다면 얼마나 편리할까요? 여기서는 돋보기 기능을 설정하는 방법에 대해 알아보겠습니다.

 디스플레이 설정하기

편안하게 화면을 볼 수 있도록 화면 밝기, 글씨 크기, 조명 등을 설정하는 디스플레이부터 설정하겠습니다.

메뉴 미리 준비   홈 화면

>> ❶ 홈 화면에서 손가락을 대고 아래로 내려주세요. ➡ ❷ [설정] 앱 실행

>> [디스플레이] 터치

>> [글자 크기와 스타일] 터치

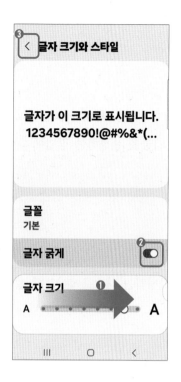

《 ❶[글자 크기] 터치 ➡ ❷[글자 굵게] 터치 ➡ ❸[＜] 터치

'글자 크기'의 동그라미를 좌우로 움직여보면서 맞는 글자 크기를 선택하세요. 크기뿐 아니라 '글자 굵게'를 활성화하면 글자를 더 두껍게 만들 수 있어요.

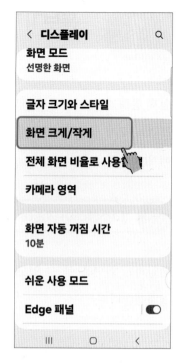

≫ [화면 크게/작게] 터치

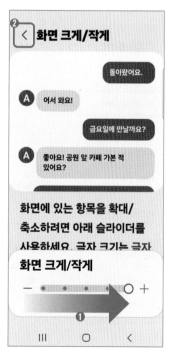

≫ ❶ '화면 크게/작게' 아래에 있는 동그라미로 크기 설정 ➡ ❷ 설정을 마치고 [＜] 터치

≫ [쉬운 사용 모드] 터치

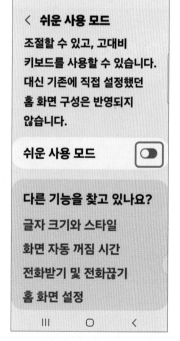

≫ [쉬운 사용 모드] 터치하여 활성화 '쉬운 사용 모드'를 활성화하면 심플한 디자인으로 오작동을 방지하는 데 도움을 줍니다.

온션 노트

'고대비 키보드'를 활성화하면 키보드 배경이 노란색으로 바뀌어요. 따라서 글자가 더 또렷하게 보여 눈에 더 잘 띄고 사용하기 편리합니다. 또한 오타를 줄일 수 있어서 실수를 줄일 수 있습니다.

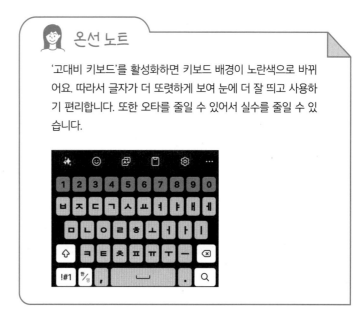

>> **①** [고대비 키보드] 터치하여 활성화 ➡ **②** 설정을 마치고 [<] 터치
쉬운 사용 모드가 활성화되면서 색 대비로 더 잘보이게 하는 '고대비 키보드'도
활성화하는 것이 좋습니다.

 접근성 설정하기

접근성 설정에는 시각 보조, 청각 보조, 터치 보조, 음성 제어, 단축키 등 다양한 기능들이 포함되어 있습니다. 이 기능들은 소리가 잘 들리지 않거나 글씨가 작아 읽기 어려운 상황 등에서 스마트폰 사용을 더욱 편리하게 만들어줍니다.

| 메뉴 미리 준비 | 홈 화면 ➡ [설정] 앱 실행 |

>> [접근성] 터치

≫ [시각 보조] 터치

≫ [돋보기] 터치

≫ [돋보기 바로가기] 터치

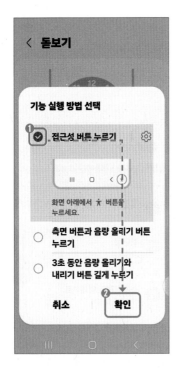

≪ ❶ [접근성 버튼 누르기] 터치 ➡
❷ [확인] 터치

≫ 오른쪽 아래에 🧍사람 모양 버튼
이 생겼습니다. 이게 바로 돋보기 기능
으로, 돋보기 설정까지 완료되었습니다.

2 돋보기 사용해보기

돋보기 설정을 마쳤으니 이 제 그 기능을 실제로 사용해 보겠습니다. 이전 실습에 이어 서 진행할 것이므로 잘 따라오 세요.

>> [돋보기 🧍] 터치

>> [앱 사용 중에만 허용] 터치

<< ❶ 점을 이동하여 확대/축소로 크 기를 조절합니다. 어두워서 잘 안 보인 다면 ❷ 돋보기 손전등 모양 버튼을 터 치하세요. 돋보기 기능에서 빠져나올 때는 ❸ [<]를 터치하세요. ❹ [◻] 을 터치하면 아예 홈 화면으로 이동합 니다.

>> 홈 화면에도 [돋보기] 버튼이 있습 니다. 언제 어디서든 쉽게 이 버튼만 누 르면 돋보기를 사용할 수 있습니다.

3 네이버 글자 키우기

네이버 앱으로 뉴스를 자주 보나요? 앞서 돋보기 설정을 완료했음에도 불구하고 네이버 앱의 글씨 크기가 커지지 않고 그대로라면 불편할 겁니다. 이제부터 네이버 앱에서 글자 크기를 키우는 방법을 차근차근 알아보겠습니다.

T I P 네이버 앱은 많은 분이 이미 사용하고 있을 거예요. 아직 설치하지 않은 분은 ❶ [Play 스토어] 앱 실행 ➔ ❷ '네이버' 검색 ➔ ❸ 네이버 앱 [설치] 터치 ➔ ❹ 설치 완료, [열기]를 터치해 앱을 실행한 다음 과정을 따라해주세요.

메뉴 미리 준비   홈 화면 ➔ [네이버] 앱 실행

≫ [☰] 터치

≫ [설정 ⚙] 터치

≫ [화면 스타일·폰트 설정] 터치

>> ❶ '글자 크기·글꼴 원하는 크기로 설정 ➡ ❷ [스타일 적용] 터치

>> 설정 페이지의 글자가 커졌을 거예요. 네이버 화면에서 보이는 글자도 커졌는지 확인하려면 [←]를 터치하여 네이버 화면으로 이동하세요.

>> 이전보다 글씨가 더 커진 것을 확인할 수 있을 겁니다.

스마트폰으로 1분 만에 '모바일 팩스' 보내기
팩스 전송, 팩스 수신

영상 QR 코드

놀랍게도 스마트폰으로 팩스를 보낼 수 있는 방법이 있습니다. 공짜는 아니지만 문자 메시지 보내는 금액만 가지고 보낼 수가 있습니다. 여기서 소개하는 앱을 이용하면 내 개인 팩스 번호가 생기게 되어, 팩스를 스마트폰으로 주고받을 수도 있어요. 오늘 알려드리는 앱을 꼭 사용해보세요.

'이 꿀팁' 언제 쓸까?

- 종이 없이 스마트폰으로 팩스를 주고받을 때
- 공공기관이나 회사에 문서를 원격으로 제출할 때
- 팩스 기기가 없는 곳에서도 긴급하게 팩스를 보낼 때
- 팩스 수신 문서를 스마트폰에서 바로 확인할 때
- 팩스를 이메일처럼 관리하고 필요한 문서만 보관할 때

모바일팩스 앱 설치하기

모바일팩스 앱은 스마트폰으로 팩스를 보내고 받을 수 있는 앱이에요. 팩스 기계 없이도 손쉽게 스마트폰으로 문서 주고받기가 가능하죠. 먼저 설치 방법을 알아보겠습니다.

메뉴 미리 준비   홈 화면

검색창에 '모바일팩스'를 입력하세요

>> [Play 스토어] 실행

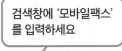

>> ❶ '모바일팩스' 검색 ➡ ❷ '모바일팩스' 앱 [설치] 터치

>> [열기] 터치

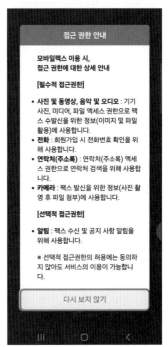

>> [다시 보지 않기] 터치

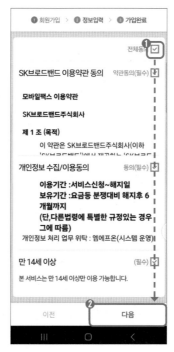

>> [앱 사용 중에만 허용] 터치 ➡ 연속 3번 [허용] 터치
앱 사용에 권한을 요구하는 창이 3번 보일 것입니다. 권한 허용을 진행하세요.

>> ❶ [전체동의] 터치 ➡ ❷ [다음] 터치

>> ❶ [신규 가입] 터치 ➡ ❷ [다음] 터치

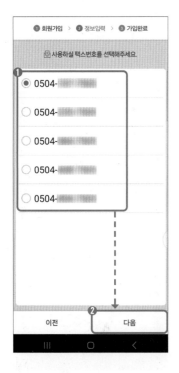

<< ❶ 팩스 번호 선택 ➡ ❷ [다음] 터치
'사용하실 팩스 번호를 선택해주세요'라는 안내 문구가 보입니다. 이 중에 하나를 선택하면 이제부터 내 팩스 번호로 사용할 수 있습니다.

>> [등록] 터치
팩스 번호를 연락처에 등록할지 물어봅니다. 팩스 번호를 연락처에 등록해두면 편리합니다.

>> [저장] 터치

>> [확인] 터치
그러면 팩스 번호를 알려줍니다. 이제
나만의 개인 팩스가 생긴 거예요. 엄청
간단하죠?

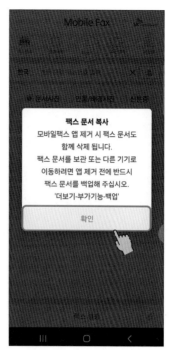

>> [확인] 터치
끝으로 모바일팩스 앱을 제거할 경우, 이
전에 받았던 팩스도 사라진다는 경고문
이 보입니다. 만약 모바일팩스 앱을 제거
한다면 이 부분을 유의하기 바랍니다.

2 팩스 보내기

모바일팩스 앱 설치를 완료했으니 본격적으로 팩스를 보내보
겠습니다.

[메뉴 미리 준비]   홈 화면 ➡ [모바일팩스] 앱 실행 ➡ 팩스발송

>> '팩스발송' 화면에서 ❶ 받는 사람
팩스 번호 입력 ➡ ❷ [카메라] 터치

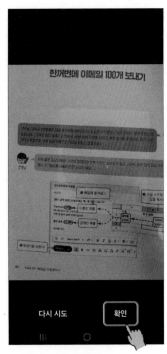

>> 사진 촬영 ➡ [확인] 터치
팩스를 전송하기 위해 문서를 찍어서
보낸다고 가정할게요.

체크한 화살표를 움
직여 사진을 똑바르
게 조정할 수 있어요

>> 사진을 찍고 나면 편집 모드로 바
뀝니다. 문서가 반듯하게 찍히지는 않
았습니다. 파란색 표식을 움직여 반듯
하게 만들 수 있습니다.

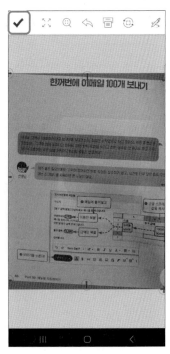

>> 깔끔하게 본문 내용만 팩스로 보내
도록 영역을 조정한 다음 [✔] 터치

《 영역을 조정했기 때문에 변경된
이미지 사용 여부에 [예]를 터치하세요.

이미지 수정

변경된 이미지를 사용
하시겠습니까?

아니오   예

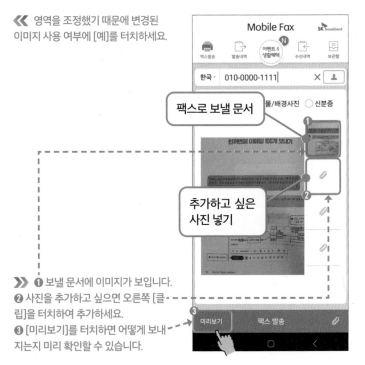

팩스로 보낼 문서

추가하고 싶은
사진 넣기

>> ❶ 보낼 문서에 이미지가 보입니다.
❷ 사진을 추가하고 싶으면 오른쪽 [클
립]을 터치하여 추가하세요.
❸ [미리보기]를 터치하면 어떻게 보내
지는지 미리 확인할 수 있습니다.

≪ [팩스 발송] 터치
팩스는 흑백으로만 보내집니다.

≫ 스마트폰에서 모바일 팩스를 실제로 보낼 때 발생하는 비용은 긴 장문 메시지를 보내는 정도의 비용이 나가게 됩니다.

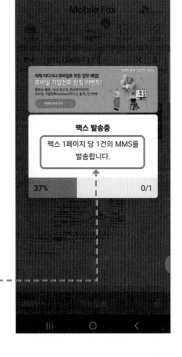

 온선 노트

모바일팩스 앱의 팩스 전송 화면에는 어떤 기능들이 있을까요?

- 팩스 표지 : 팩스를 보낼 때 표지를 추가하는 옵션. 표지에는 발신자 정보나 간단한 메모를 포함할 수 있습니다.
- 갤러리 : 스마트폰에 저장된 이미지(사진, 스캔한 문서 등)를 보냅니다.
- 카메라 : 스마트폰 카메라를 이용해 직접 문서를 촬영한 후 팩스로 전송할 수 있는 기능입니다.
- 문서 : PDF, Word 등 스마트폰에 저장된 문서 파일을 선택하여 팩스로 보내는 기능입니다.

---

3 발송 확인하기

스마트폰으로 전송한 팩스가 잘 발송되었는지 확인해보겠습니다.

[메뉴 미리 준비]   홈 화면 → [모바일팩스] 앱 실행

≪ [발송내역] 터치
발송이 완료되면 잘 발송되었는지 '발송내역'을 눌러 확인해봅니다.

≫ ❶ 팩스 발송 상태 확인 ➡ ❷ [수신내역] 터치
발송한 발송 날짜와 시간, 전화번호도 모두 확인할 수 있습니다. 팩스 발송 상태가 '발송완료'로 바뀌면 팩스 발송이 완료된 겁니다. '결번'이라고 뜨면 없는 번호입니다.

4 받은 팩스 확인하기

받은 팩스의 내용이 문제없이 잘 수신되었는지 확인해봅시다.

메뉴 미리 준비   홈 화면 ➡ [모바일팩스] 앱 실행

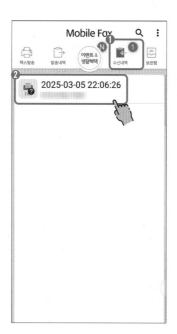

≪ ❶ [수신내역] 터치 ➡ ❷ [받은 팩스] 터치
수신내역은 누군가 내게 팩스를 보냈을 때 확인하는 영역입니다. 수신내역을 누르면 수신된 팩스 목록이 보입니다. 받은 팩스를 누르면 팩스 정보를 다운로드합니다.

≫ 팩스 데이터를 다운로드합니다. 다운로드가 완료되면 팩스 내용을 보여줍니다.

팩스 내용을 볼 수 있어요

받은 팩스를 활용하는 방법

마지막으로 받은 팩스를 더욱 유용하게 활용하는 방법을 알려드리겠습니다. 받은 팩스를 공유하고, 회전 기능으로 각도를 조정하며, 글씨 쓰기로 메모를 추가하는 세 가지 편집 기능을 소개합니다.

메뉴 미리 준비 　홈 화면 ➡ [모바일팩스] 앱 실행 ➡ 수신내역 ➡ 받은 팩스 열기

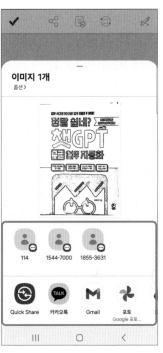

≫ [공유 ◁] 터치
받은 팩스함에서 보이는 첫 번째 기능은 공유입니다.

≫ '공유 ◁'를 누르면 문자 메시지, 카카오톡, 카페, 지메일 등 다양한 곳에 팩스를 공유할 수 있습니다.

≫ [문서 📄] 터치
문서 아이콘을 누르면 문서를 다른 사람에게 다시 팩스로 보낼 수 있습니다.

≪ ❶ 발송할 번호 선택 → ❷ [팩스 발송] 터치

≫ [페이지 변환 ⓘ] 터치
[페이지 변환] 아이콘을 누르면 문서의 방향을 회전하면서 가로 또는 세로로 조정하는 기능입니다. 문서가 거꾸로 왔을 때 활용하면 좋겠죠?

≪ [펜 ✎] 터치
[펜 아이콘(서명 추가)]은 문서에 주석을 달거나 서명을 추가하는 등 직접 편집할 수 있는 기능입니다. 어떤 기능이 있나 좀 더 살펴보겠습니다.

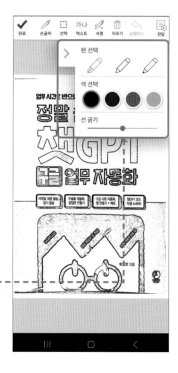

≫ [펜]을 선택하면 '펜 선택', '색 선택', '선 굵기' 조절 등의 기능을 제공합니다. 손글씨 또는 자판 입력 등의 기능을 제공합니다. 문서에 표시하거나 무언가 적을 때 유용합니다.

모바일팩스 앱은 별도의 탈퇴 기능이 없습니다. 앱을 삭제한 뒤 다시 설치하면 새로운 번호를 받을 수도 있고, 기존 번호를 다시 설정할 수도 있습니다. 정말 간단하죠? 언제 어디서든 편리하게 사용할 수 있는 모바일팩스! 사실 한 번 익숙해지면, 기계로 팩스를 보내는 것보다 훨씬 더 간편하고 효율적입니다.

'파파고' 앱으로 실시간 외국어 대화하기

텍스트 번역, 이미지 속 텍스트 번역, 영어 회화 공부하기

유용한 앱 기능

영상 QR 코드

실시간으로 영어를 한국어로 번역해 보여주는 진짜 놀라운 기능이 있는 것, 알고 계셨나요? 얼마 전 해외여행 중 식당 메뉴판만 봐도 번역이 바로 떠서 깜짝 놀랐습니다. 이제 외국어 하나도 못해도 전혀 문제가 없습니다. 심지어 회화 공부까지 할 수 있을 만큼 파파고 앱의 기능이 놀랍게 발전했기 때문이죠. 외국어 울렁증, 이젠 안녕입니다. 준비물은 여러분의 스마트폰 하나뿐입니다. 지금 바로 시작해보세요!

'이 꿀팁' 언제 쓸까?

- 외국인과 대화할 때
- 식당 메뉴판 번역이 필요할 때
- 인터넷 연결 없이 번역이 필요할 때
- 손글씨로 입력한 내용을 번역할 때
- 외국어 사전이 필요할 때

1 파파고 앱 설치하기

'파파고' 앱부터 설치해보겠습니다. 이미 '파파고' 앱이 있다면 이 부분은 건너뛰어도 좋습니다.

메뉴 미리 준비   홈 화면

>> [Play 스토어] 앱 실행

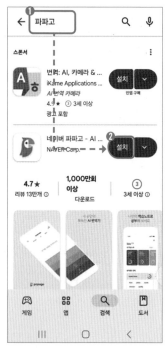

>> ❶ '파파고' 검색 ➡ ❷ 네이버 파파고 [설치] 터치

>> [열기] 터치

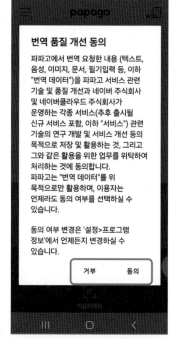

>> [거부] 또는 [동의] 터치
번역 품질 개선에 참여할지 묻습니다. [거부] 또는 [동의]를 선택하세요.

≪ [한국어] 또는 [영어] 터치
시작 화면이 보입니다. 기본적으로 한국어를 영어로 번역하도록 설정되어 있어요. '한국어' 또는 '영어'를 터치하면 다른 언어로 변경할 수 있습니다.

≫ 번역 언어를 바꾸려면 [⇄] 터치
'한국어 ➡ 영어'가 아니라, '영어 ➡ 한국어'로 바꾸고 싶다면 ⇄ 를 누르세요.

파파고 설치와 시작 화면에 대한 설명을 마쳤습니다. 화면 아래에 '음성', '대화', '이미지', '학습카메라' 메뉴가 보이죠? 이제 첫 페이지의 '텍스트 번역'부터, 다음 네 가지 기능을 차례대로 알아보겠습니다.

PART 05

음성언어에 편요한 유용한 온텍

2 텍스트 번역 기능 사용하기

파파고를 실행하면 처음 보이는 화면에서 텍스트를 입력해 손쉽게 원하는 언어로 번역할 수 있습니다. 번역이 완료되면 음성 재생 기능으로 발음까지 바로 확인할 수 있습니다. 그럼 본격적으로 번역 기능을 사용해보겠습니다.

타이핑하여 입력하기

먼저 번역을 하려면, 번역할 문장이 필요합니다. 화면에 보이는 입력창에 번역할 내용을 직접 타이핑해서 입력하세요. 입력이 끝나면 번역 버튼을 눌러 결과를 확인할 수 있습니다.

[메뉴 미리 준비] 홈 화면 ➡ [파파고] 앱 실행

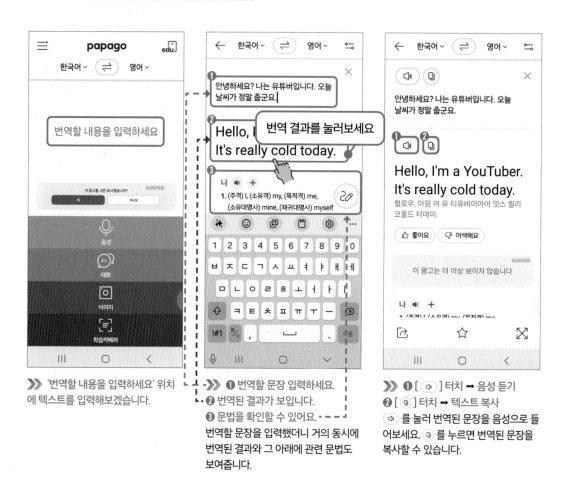

≫ '번역할 내용을 입력하세요' 위치에 텍스트를 입력해보겠습니다.

≫ ❶ 번역할 문장 입력하세요.
❷ 번역된 결과가 보입니다.
❸ 문법을 확인할 수 있어요.
번역할 문장을 입력했더니 거의 동시에 번역된 결과와 그 아래에 관련 문법도 보여줍니다.

≫ ❶ [🔊] 터치 ➡ 음성 듣기
❷ [📋] 터치 ➡ 텍스트 복사
🔊 를 눌러 번역된 문장을 음성으로 들어보세요. 📋 를 누르면 번역된 문장을 복사할 수 있습니다.

가끔은 키보드보다 손글씨로 입력하는 게 더 편리할 때가 있죠? 이번에는 갤럭시 스마트폰의 손글씨 입력 기능을 활용하는 방법을 알아보겠습니다. 앞의 실습에 이어서 진행하세요.

메뉴 미리 준비   홈 화면 ➡ [파파고] 앱 실행

《 ❶ 작성한 문장 끝 터치 ➡
❷ [✎]터치
작성한 문장의 끝을 누르면 오른쪽 아래에 버튼이 하나 나타납니다. 이 버튼을 누르면 손글씨를 입력할 수 있도록 바뀝니다.

》 ❶ 손글씨 입력창에 '안녕'이라고 손으로 적으니, 아래에 인식된 텍스트 버튼이 보입니다. ❷ [안녕] 버튼을 터치하니 '안녕'이라고 텍스트가 입력되었습니다. 다른 문장을 쓰고 싶다면 ❸ [✕]를 터치하세요. 사용을 마쳤다면 ❹ [←]를 터치하여 이전 메뉴로 이동합니다.

PART 05

일상생활에 필요한 유용한 꿀팁

음성 번역 기능 활용하기

해외에서는 글자를 일일이 입력해 번역하는 대신, 음성으로 말해 바로 번역된 음성을 듣는 게 훨씬 편리하겠죠? 이번에는 음성 입력 기능을 활용해 말한 내용을 바로 번역하는 방법을 알아보겠습니다.

메뉴 미리 준비

홈 화면 ➡ [파파고] 앱 실행

≫ [음성] 터치

≫ [앱 사용 중에만 허용] 터치

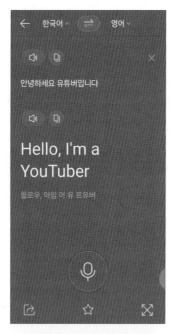
≫ "안녕하세요 유튜버입니다"라고 말해보세요. 그러면 말한 언어가 글로 작성될 뿐만 아니라 영어로 번역되고 심지어 영어 음성으로 출력해줍니다.

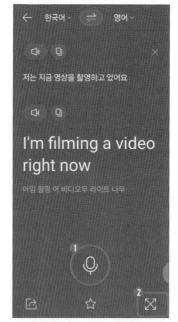
≫ ❶ [🎤] 터치 ➡ ❷ [⛶] 터치
다른 말을 하고 싶다면 🎤를 누른 다음 말하면 됩니다. 큰 글씨로 보고 싶다면 ⛶를 누르세요.

가로 모드입니다

위아래로 움직여 텍스트를 확인하세요

≫ ❶ 위아래 이동 터치 ➡
❷ [×] 터치
⛶를 눌렀더니 가로 모드로 번역 문장을 크게 보여줍니다. 문장이 길 때는 손가락으로 위아래로 이동하여 볼 수 있어요.

4 대화 번역 기능 활용하기

파파고의 '대화' 기능은 두 언어를 사용해 대화하는 기능입니다. 즉, 두 언어를 번갈아 입력하면 번역된 음성으로 들을 수 있죠. 기존 '음성' 기능은 한 가지 언어만 입력받아 번역했지만, '대화' 기능을 사용하면 '영어 ➡ 한국어', '한국어 ➡ 영어' 모두 손쉽게 지원되어 외국인과 실시간 대화가 훨씬 편리해집니다. 여기서는 파파고 대화 기능을 활성화하고 사용하는 방법을 단계별로 안내합니다.

> 메뉴 미리 준비   홈 화면 ➡ [파파고] 앱 실행

≫ [대화] 터치

≫ 위에 '영어', 아래에 '한국어'가 보이네요.

≫ ❶ '한국어' 옆 [🎤] 터치 ➡ ❷ 음성으로 말하기

🎤를 누른 다음 "안녕하세요? 나는 유튜버입니다"라고 말해보세요. 그러면 영어로 번역하고 읽어줍니다.

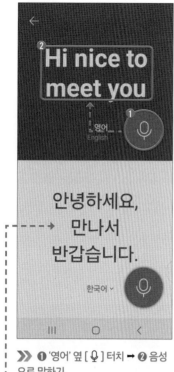

>> ❶ '영어' 옆 [🎤] 터치 ➜ ❷ 음성으로 말하기
🎤를 누른 다음 이번에는 영어로 "Hi nice to meet you"라고 말해보세요. 그러면 한국어로 번역한 문장을 읽어줍니다.

>> [영어] 터치
입력하거나 출력하는 언어를 바꿀 수도 있습니다. 설정된 언어 영역을 눌러 바꾸면 됩니다.

>> 번역하고 싶은 언어 선택하여 터치
여기에서 변경하고 싶은 언어를 선택하면 됩니다.

5 사진, 문서, 카메라 실시간 화면으로 이미지 번역 활용하기

외국에 가서 메뉴판을 보면 언어가 다르니, 뭐가 뭔지 잘 모르고 낯설게 느껴질 겁니다. '이미지' 번역 기능은 메뉴판이나 사용 설명서 등 사진을 외국어로 실시간 번역해줍니다. 카메라를 문서에 비추기만 하면 화면 위에 바로 번역 결과가 그 위에 겹쳐져서(오버레이) 표시됩니다. 간단하니까 사진, 문서, 카메라로 이미지를 번역하는 기능을 차례로 알아보겠습니다.

메뉴 미리 준비   홈 화면 ➜ [파파고] 앱 실행

>> [이미지] 터치

>> [앱 사용 중에만 허용] 터치

>> [🖼] 터치
먼저 사진에 있는 텍스트 번역 기능을
알아볼게요.

번역을 위해 외국어가 있는
사진을 선택하세요

<< 번역을 위해 외국어가 있는 사진
선택하여 터치

>> ❶ 영어가 있던 자리가 한국어로
바뀌었습니다. 한국어를 영어로 바꾸는
설정으로 되어 있는데, ❷ 저절로 '영어
➡ 한국어' 번역으로 바뀌었습니다. 자
동으로 바뀌지 않으면 '영어➡한국어'
번역으로 설정을 바꿔주세요. ❸ [⬅]
을 터치해 이전 메뉴로 이동해볼게요.

≪ 이번에는 문서 번역을 위해 [ ] 터치

이번에는 문서를 번역해보겠습니다. 왼쪽 아래 를 눌러주세요.

≫ ❶ 외국어 서류를 선택하고
❷ [완료]를 누르세요.

모든 문서를 번역할 수 없으며, 번역할 수 있는 문서의 형식과 크기가 있습니다.
〈 을 터치해 이전 메뉴로 이동해볼게요.

T I P   pdf, pptx, xlsx, docx, hwp 형식의 문서를 번역합니다. 용량 10MB 이하, 글자 수 1만 자 이하인 문서를 번역합니다.

≫ 이미지 편집에서 ❶ [문서회전 ↺] 을 누르면 문서를 회전할 수 있습니다.
❷ [완료]를 터치하세요.

≫ 그러면 ❶ 번역된 문서를 볼 수 있어요. ❷ 다시 ← 를 터치해 이전으로 돌아갑니다.

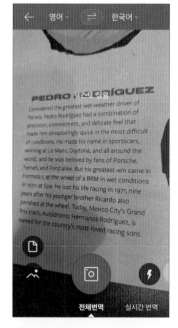

≫ 카메라 앞에 영어 문서를 두고 [전체번역] 터치

카메라로 찍은 사진을 번역하는 '전체 번역' 기능을 알아보겠습니다. 카메라에 영어 문서를 두고 '전체번역'을 누릅니다.

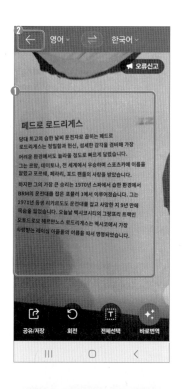

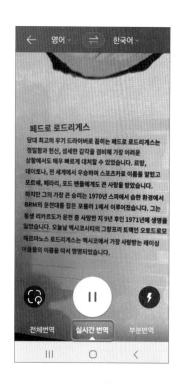

《 그러면 ❶ 영어가 한국어로 번역 됩니다. 다시 ❷ ← 를 터치해 이전으로 돌아갑니다.

》 이번에는 '실시간 번역'을 사용하 겠습니다. [실시간 번역]을 터치하고 번 역할 글자를 카메라로 비추세요. 그러 면 한국어로 번역이 됩니다.

》 ❶ [부분번역] 터치 ➡ ❷ [사진 📷] 터치

우선 사진을 찍고, 원하는 곳만 손으로 지정해준 다음 '부분번역'을 누르면 해 당 부분만 번역해주는 기능입니다.

》 사진에서 번역할 곳을 손가락으 로 문지르세요.

》 번역하려 표시한 부분이 아래에 번 역된 내용과 함께 나옵니다.

6 학습 카메라로 외국어 공부하기

파파고에 있는 학습카메라 기능을 활용하면 외국어 공부가 훨씬 쉬워진다는 사실, 알고 계셨나요? 이제 따로 사전 앱을 켤 필요 없이, 카메라로 단어나 문장을 찍기만 하면 뜻과 발음, 예문까지 바로 확인할 수 있습니다.

메뉴 미리 준비

홈 화면 ➡ [파파고] 앱 실행

>> [학습카메라] 터치

>> 공부할 페이지 촬영

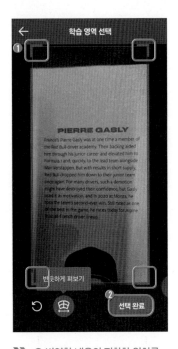

>> ❶ 번역할 내용의 정확한 위치를 인식하게 하기 위해 네 귀퉁이를 잡아 끌어 반듯하게 해주세요. ➡ ❷ [선택 완료] 터치

>> 궁금한 부분을 터치
이미지에서 궁금한 부분을 누르면 번역을 해줍니다.

>> ❶ [단어] 터치 ➡ ❷ [✓ 노트저장] 터치
'단어'를 누르면 설명이 나옵니다. 이 단어를 나중에 또 공부하고 싶다면 '노트저장'을 누르세요.

7 파파고 필수 옵션, 오프라인 번역 설정하기

외국에 나가면 데이터 사용료도 비싸고, 현지에서는 통신이 잘 안 될 때도 많죠? 다행히 파파고에는 해당 나라의 번역용 데이터를 미리 다운로드할 수 있는 기능이 있습니다. 따라서 미리 내려받아 여행을 가면 데이터 걱정 없이 어디서든 번역을 사용할 수 있어 훨씬 편리합니다. 여기서는 파파고에서 오프라인 번역 데이터를 다운로드하고 관리하는 방법을 차근차근 알려드립니다. 어렵지 않으니 잘 따라 하여 꼭 설정해두세요.

메뉴 미리 준비   홈 화면 ➡ [파파고] 앱 실행

≫ [☰] 터치

≫ [오프라인 번역] 터치

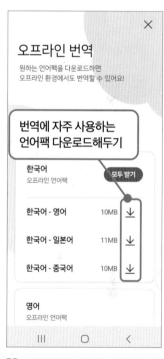

≫ 번역에 자주 사용하는 언어팩을 다운로드해두세요. 그러면 네트워크를 사용하지 않고 번역을 수행합니다.

스마트폰 화면을 PC에서 무선으로 보기
스마트 뷰, 삼성 플로우

영상 QR 코드

가끔은 스마트폰 화면을 좀 더 큰 PC 화면으로 보고 싶을 때가 있을 겁니다. 특히 강의나 프레젠테이션 중에 스마트폰 앱을 바로 보여줘야 할 때 무선 미러링 기능이 유용합니다. 이번에는 스마트폰 화면을 PC에서 실시간으로 볼 수 있는 두 가지 방법을 소개합니다.

'이 꿀팁' 언제 쓸까?

- 프레젠테이션 또는 회의 시 스마트폰 화면을 공유할 때
- PC에서 모바일 게임을 큰 화면으로 즐길 때
- 동영상, 사진 등 미디어를 가족이나 친구와 함께 볼 때
- 스마트폰 앱을 PC에서 사용하거나 테스트할 때
- 화상 통화 내용을 PC 화면으로 크게 볼 때

1 스마트 뷰 방식으로 무선 미러링하기

스마트 뷰 기능을 활용하면 스마트폰 화면을 PC에 실시간으로 띄울 수 있습니다. 스마트폰 화면을 PC에 보이게 하려면, PC에서 먼저 스마트 뷰 설정을 해줘야 합니다. 그다음 스마트폰에서 PC에 미러링을 요청하고 PC에서 스마트폰의 요청을 허용해줘야 합니다. 총 3단계로 이루어진 스마트 뷰 설정 과정을 차근차근 안내하겠습니다.

 PC에서 스마트 뷰 설정하기

먼저 PC에서 스마트 뷰를 설정하는 방법을 알아보겠습니다.

>> 컴퓨터 키보드에서 [⊞버튼과 영문자 i]를 같이 클릭

>> [시스템] 클릭 ➡ [이 PC에 화면 표시] 클릭

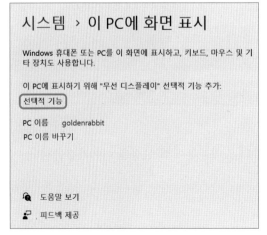

>> [선택적 기능] 클릭

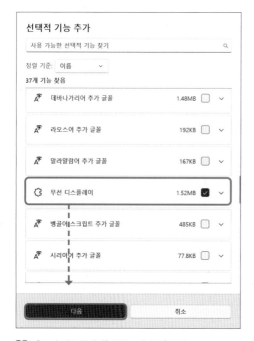

>> [무선 디스플레이] 클릭 → [다음] 클릭

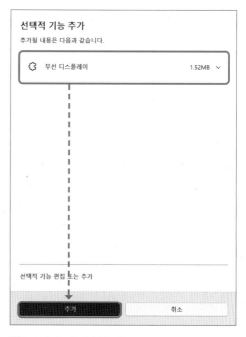

>> 무선 디스플레이 [추가] 터치

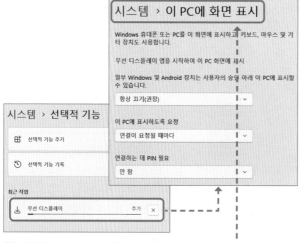

>> '이 PC에 화면 표시'로 돌아가면 위와 같은 설정 화면이 보입니다.

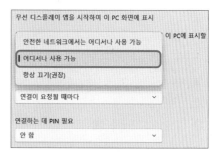

>> [어디서나 사용 가능] 선택

TIP '이 PC에 표시하도록 요청'은 연결 승낙을 '처음 한 번만' 할지, '연결할 때마다' 할지를 선택하는 메뉴입니다. 보안을 위해 기본값인 '연결 요청 시마다'를 권장합니다.

TIP '연결할 때 PIN 사용'은 PIN 암호를 사용할지를 설정하는 메뉴입니다. 보안에 민감하다면 '사용함'을 선택하세요.

이로써 PC에서의 설정이 완료되었습니다. 이제부터 스마트폰에서 설정을 이어가겠습니다.

스마트폰에서 스마트 뷰 설정하기

메뉴 미리 준비

홈 화면

스마트폰에서 스마트 뷰를 설정하도록 하겠습니다.

>> 홈 화면에서 손가락 대고 아래로
내려주세요.

화면을 한 번 더
쓸어내리세요

>> 한 번 더 같은 동작 반복합니다.

>> [Smart View] 터치

TIP 스마트폰 기종에 따라 '화면 미러링', '화면 공유'로 적혀 있을 수도 있어요

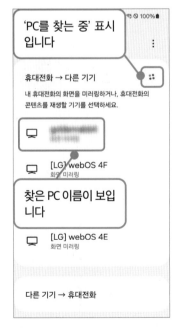

'PC를 찾는 중' 표시
입니다

찾은 PC 이름이 보입
니다

>> 스마트폰에서는 PC를 찾는 작업
을 진행합니다.

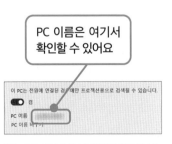

PC 이름은 여기서
확인할 수 있어요

>> PC 이름은 '이 PC에 화면에 표시'
에서 확인할 수 있습니다.

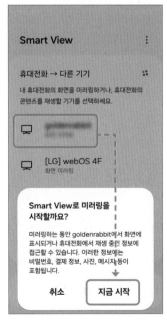

**Smart View로 미러링을
시작할까요?**

>> [내 PC 이름] 클릭 ➡ [지금 시작]
클릭

스마트폰에서 PC로 화면 공유 요청을 보냈으니, 이제 PC에서 허락만 해주면 됩니다.

 ## PC에서 화면 공유 승인하기

이제 스마트 뷰 방식을 사용한 화면 공유를 마무리할 마지막 단계를 시작하겠습니다. PC 화면에 스마트폰의 화면 공유 요청 알림이 뜰 텐데요. 승인하기만 하면 끝납니다. PC 화면을 확인해주세요.

>> PC 오른쪽 아래에 연결창이 뜨면 자동으로 실행됩니다.

>> 그러면 PC에 스마트폰 화면이 보입니다.

스마트 미러링을 중지하고 싶을 때는 어떻게 할까요? 간단합니다. 스마트폰에서 단 두 번만
클릭하면 됩니다.

≪ 스마트폰 화면 오른쪽 위의 아이
콘 터치

≫ [연결 해제] 터치

이 미러링 방법은 스마트폰 화면으로만 조작할 수 있는 치명적인 단점이 있어요. PC에서 마우스로 화면
을 조작할 수 없습니다. 마우스를 이용해 PC에서 화면을 조작하고 싶은 분이 있을 겁니다. 이어
서 해당 방법을 알아보겠습니다.

삼성 플로우를 이용해 스마트폰 화면 미러링하기

스마트폰 화면을 PC에서 직접 조작하고 싶나요? 삼성 플로우를 이용하면 무선으로 미러링할 수 있습니다. PC와 삼성 스마트폰 양쪽에 삼성 플로우 앱을 설치해야 하는데, PC는 윈도우 스토어에서, 스마트폰은 구글 플레이에서 내려받을 수 있습니다. 앱을 설치한 뒤에는 PC 마우스로 스마트폰 화면을 자유롭게 조작할 수 있어, 케이블 연결 없이도 앱 실행 · 파일 전송 등이 가능합니다. 설치와 연결 과정이 조금 번거로울 수 있지만, 무선으로 편리하게 화면을 공유할 수 있어 매우 편리할 겁니다.

 PC에서 삼성 플로우 설치하기

먼저 PC의 Microsoft Store를 통해 삼성 플로우를 설치하겠습니다.

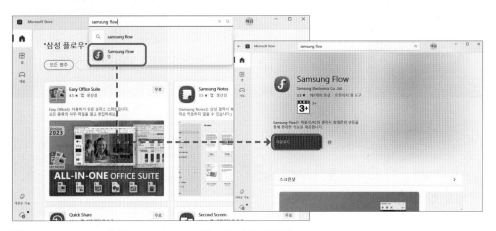

≫ Microsoft Store에서 'Samsung Flow' 검색 ➡ [다운로드] 클릭

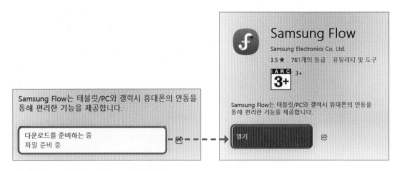

≫ 설치 ➡ 다운로드 중 ➡ [열기] 클릭

PC와 스마트폰을 연결하기 위해 스마트폰에 삼성 플로우 앱을 설치해야 합니다. 앱 설치 과정을 많이 해봤으므로, 어렵지 않으니 차근차근 따라서 실행하세요.

메뉴 미리 준비

홈 화면

>> 스마트폰에서 [Play 스토어] 앱 실행

>> 검색창에 '삼성 플로우' 검색 ➡ [설치] 터치

>> [열기] 터치 ➡ [삼성 플로우] 앱 실행

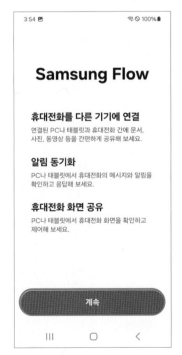

>> 기기 연결과 위치에 대한 권한 허용에 대해 [계속] 터치

>> [허용] 터치

PART 05

일상생활에 편리하고 유용한 컴퓨터

PC와 스마트폰에 필요한 설치를 모두 완료했습니다. 이제 남은 것은 두 기기를 실제로 연결하는 설정뿐입니다. PC에서 연결 요청을 보내고, 스마트폰에서 허용하는 과정으로 천천히 따라오세요.

 PC와 스마트폰 연결하기

이 작업을 수행하려면 PC와 스마트폰에서 삼성 플로우를 동시에 열어놓아야 합니다. 두 곳 모두에서 플로우 앱을 실행한 다음에 따라해주세요.

≫ PC에서 [시작] 클릭

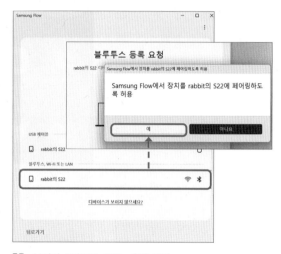

≫ 본인의 스마트폰 선택 ➡ [예] 클릭

≫ PC 화면에서 인증번호 확인 ➡ [확인] 클릭

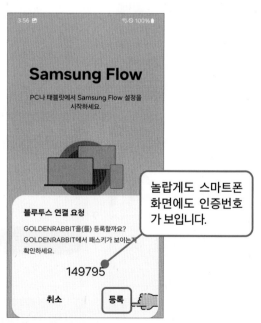

놀랍게도 스마트폰 화면에도 인증번호가 보입니다.

≫ 스마트폰에서 [등록] 터치

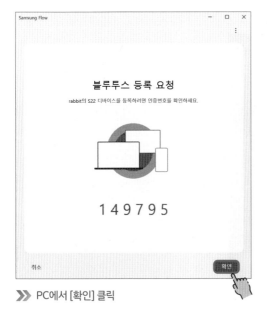

>> PC에서 [확인] 클릭

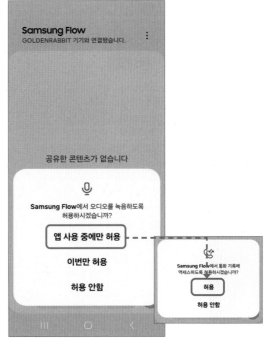

>> 스마트폰에서 [앱 사용 중에만 사용] 터치 ➡
이후 계속 [허용] 터치

>> PC에서 스마트 뷰 아이콘 클릭

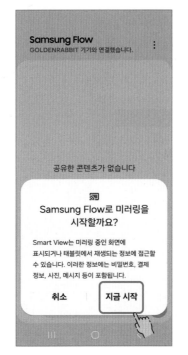

>> [지금 시작] 터치

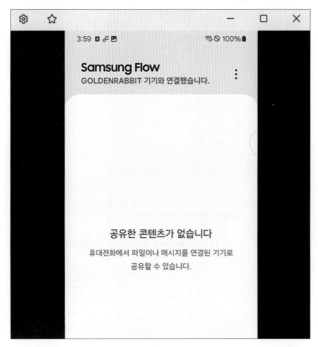

>> PC 화면이 위와 같이 보이면 스마트폰이 잠금화면이거나, 비활성화되어서 그렇습니다. 스마트폰 잠금을 풀어주면 미러링이 정상적으로 실행됩니다.

이로써 PC와 스마트폰 연결이 완료되었습니다. PC 마우스를 이용하여 삼성 플로우로 미러링된 스마트폰 화면을 클릭해보세요. 신기하게도 PC에서 조작한 대로 스마트폰에서도 똑같이 실행됩니다.

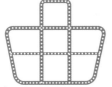

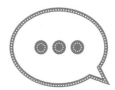

자가 검진 기능 사용하기

디바이스 케어, 자가 진단

갤럭시 전 모델

영상 QR 코드

갤럭시 스마트폰에 내장된 자가 진단 기능은 총 23가지 항목을 한 번에 점검할 수 있는 유용한 도구입니다. 대부분의 갤럭시 모델에 기본 탑재되어 있어, 스마트폰에 문제가 있는지 아니면 사용 환경의 문제인지 구분하기 어려울 때 간편하게 스마트폰 상태를 확인할 수 있습니다. 자가 진단 기능 실행 방법부터 각 검사 항목을 순서대로 확인하는 과정을 단계별로 안내하겠습니다.

'이 꿀팁' 언제 쓸까?

- 배터리 상태 및 사용 시간 점검할 때
- Wi-Fi 및 네트워크 연결 문제를 진단할 때
- 화면 터치 및 디스플레이 이상을 확인할 때
- 스피커, 마이크, 카메라 기능을 테스트할 때
- 센서 및 버튼 작동 여부를 확인할 때

TIP 영상에서 5분 40초 이후부터 재생하세요.

1 갤럭시 자가 진단 기능 사용하기

스마트폰이 문제인지, 내가 문제인지 알 수 없을 때 즉시 실행해볼 수 있는 갤럭시 자가 진단 기능이 있습니다. 단 한 번의 터치로 23가지 항목을 점검해 스마트폰의 이상 유무를 빠르게 확인할 수 있어서 간단히 점검하기에 매우 유용할 겁니다.

[메뉴 미리 준비]　홈 화면

▶▶ ❶ 화면 윗부분에 손을 대고 밑으로 쓸어내려요. ➡ ❷ [설정 ⚙] 터치

▶▶ [디바이스 케어] 터치

▶▶ [자가 진단] 터치

PART 06

쾌적하고 안전하게 사용하는 스마트폰 사용 꿀팁

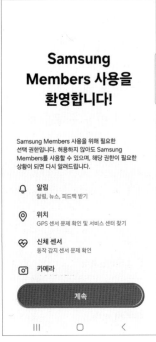

>> [계속] 터치

>> [허용] 터치

>> [휴대전화 진단] 터치

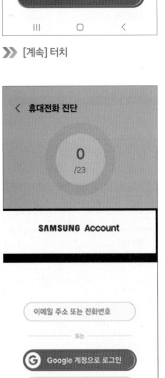

>> [로그인] 터치
계정 로그인 화면이 보입니다. 여기서는
구글 계정으로 로그인을 실행했습니다.
원하는 로그인 방법을 선택하여 로그인
하세요.

>> [인증 요청] 터치
요청하는 정보를 입력하고 나서 '인증
요청'을 누르세요. 그러면 문자 인증 요
청이 오며, 문자 인증을 진행해주세요.

>> ❶ 항목 확인에서 필수 항목만 선
택 ➡ ❷ [동의] 터치

≪ [전체 진단 시작] 터치
휴대전화 진단 화면이 보입니다. 아래에 있는 다양한 아이콘은 진단 대상 앱 기능입니다. 기종에 따라서 개수가 다를 수 있어요. 진단을 시작해보세요.

≫ 자가 진단 기능을 실행하면 다양한 요구를 지시하게 되는데, 순차대로 진행하면 됩니다. 예를 들어 '말해주세요' 같은 요구도 할 수 있으며, 어렵지 않게 수행할 수 있으므로 안내를 따라해주세요. 진단을 마치면 결과가 보입니다.

≪ [전체 진단 시작] 터치
결과를 보니, 모두 통과되지는 못했네요. 당황하지 말고 '전체 진단 시작'을 다시 눌러주세요.

≫ [남은 진단 이어서하기] 터치
'전체 진단 시작'을 다시 실행하기 위해 '남은 진단 이어서하기'를 눌러 진행합니다.

진단을 모두 마쳤는데도 해결되지 않는 문제가 생겼다면, 서비스 센터에 방문해보세요.

CHAPTER

33

스팸, 광고 문자 한 번에 싹 다 차단하기

스팸 등록, 키워드 차단, 발신번호 없는 메시지 차단

갤럭시 전용

영상 QR 코드

지워도 지워도 계속 오는 스팸, 광고 문자 때문에 스트레스 받으시죠? 문자 올 때마다 일일이 지우는 것도 의미 없는 것 아시나요? 번호를 바꿔가며 반복 발송하는 스팸, 광고 문자 하나씩 삭제해봐야 소용없습니다. 스마트폰 설정만으로 스팸 문자의 95% 이상을 한 번에 차단하는 두 가지 신박한 방법을 소개합니다.

'이 꿀팁' 언제 쓸까?

- 원하지 않는 광고성 문자와 전화를 차단할 때
- 스팸 번호로부터 자동 경고 알림을 받을 때
- 모르는 번호로 온 메시지나 전화를 필터링할 때
- 특정 번호에서 오는 연락을 완전히 차단할 때
- 스팸 문자 목록을 확인하고 관리할 때

스팸 전화나 문자가 자주 온다면, 차단 기능을 활용해보세요. 특정 전화번호를 차단하거나 스팸 메시지를 자동으로 걸러낼 수 있습니다.

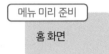

메뉴 미리 준비

홈 화면

≫ [메시지] 앱 실행

≫ [⋮] 터치

≫ [설정] 터치

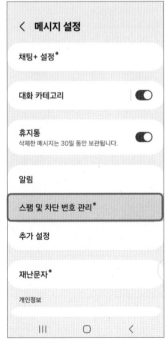

≫ [스팸 및 차단 번호 관리] 터치

≫ [차단 문구 관리] 터치

다음은 여기에 보이는 '수신 차단/해제', '차단 문구 관리', '차단 메시지', '악성 메시지 차단', '발신번호 없는 메시지 차단' 기능을 모두 알아볼 겁니다. 이후 실습은 이 화면부터 이어서 시작하세요.

2 전화번호를 직접 등록해 수신 차단/해제하기

통화 목록에서 전화번호 수신 차단은 한 번쯤 해봤을 겁니다. 통화는 하지 않았지만 수신을 차단해야 하는 번호가 있다면, 연락처에 저장하지 않고도 직접 입력해 차단할 수 있는 방법이 있습니다.

메뉴 미리 준비   홈 화면 ➡ [메시지] 앱 실행 ➡ [⋮] 실행 ➡ 설정 ➡ 스팸 및 차단 번호 관리

▶▶ [수신 차단/해제] 터치

▶▶ ❶ 차단할 전화번호 직접 입력 ➡ ❷ [+] 터치

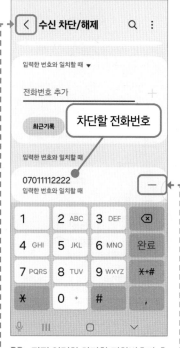

▶▶ 직접 입력한 차단할 전화번호가 추가됩니다. ▭ 를 누르면 해당 번호의 차단이 해제됩니다.
차단 번호 등록을 마쳤다면 [‹]를 터치하여 이전 메뉴로 다시 이동하세요.

우리가 받는 광고 문자에는 거의 다 '주식, 리딩방, 코인' 같은 광고 관련 단어가 들어 있죠? 이러한 단어를 차단 키워드로 등록해두면, 해당 키워드가 포함된 모든 문자가 자동으로 차단됩니다. 이제부터 스마트폰 메시지 설정에서 키워드 차단을 적용하는 방법을 알려드릴게요.

메뉴 미리 준비 홈 화면 ➡ [메시지] 앱 실행 ➡ [⋮] 실행 ➡ 설정 ➡ 스팸 및 차단 번호 관리

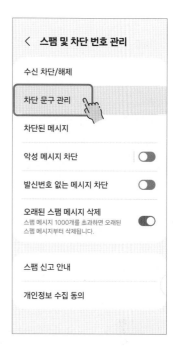

≫ [차단 문구 관리] 터치

≫ [+] 터치
+를 누르면 '차단한 문구가 없습니다'라고 보일 겁니다. 여기에서 차단할 문자를 설정하세요.

≫ ❶ '주식' 입력 ➡ ❷ [저장] 터치

≫ [확인] 터치
'주식'이 들어간 단어를 모두 차단할지 묻는 창이 뜹니다.

PART 06

쾌적하고 안전하게 사용하는 스마트폰 사용 꿀팁

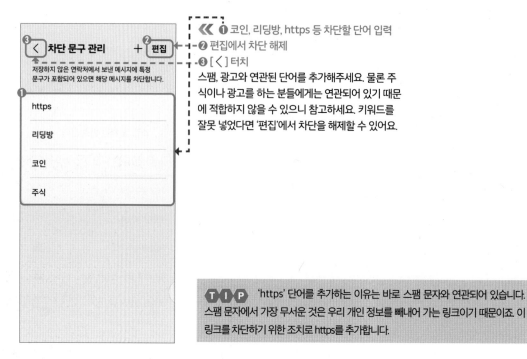

❶ 코인, 리딩방, https 등 차단할 단어 입력
❷ 편집에서 차단 해제
❸ [<] 터치

스팸, 광고와 연관된 단어를 추가해주세요. 물론 주식이나 광고를 하는 분들에게는 연관되어 있기 때문에 적합하지 않을 수 있으니 참고하세요. 키워드를 잘못 넣었다면 '편집'에서 차단을 해제할 수 있어요.

TIP 'https' 단어를 추가하는 이유는 바로 스팸 문자와 연관되어 있습니다. 스팸 문자에서 가장 무서운 것은 우리 개인 정보를 빼내어 가는 링크이기 때문이죠. 이 링크를 차단하기 위한 조치로 https를 추가합니다.

4 차단 메시지 확인 및 완전 삭제하기

혹시 중요한 메시지를 실수로 차단해버린 적 있나요? 차단된 모든 메시지는 보관함에 저장되어, 복원하거나 완전 삭제하고 차단을 해제할 수 있습니다. 여기서는 차단 메시지를 확인하고, 복원하거나 모두 삭제하거나 차단 해제하는 등의 방법을 알려드리겠습니다.

메뉴 미리 준비 | 홈 화면 ➡ [메시지] 앱 실행 ➡ [⋮] 실행 ➡ 설정 ➡ 스팸 및 차단 번호 관리

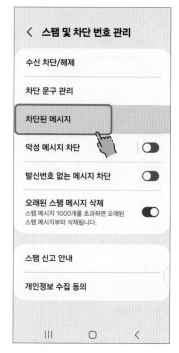

≫ [차단된 메시지] 터치

>> [직접 차단한 메시지(1개)] 터치
'직접 차단한 메시지(1개)'를 누르면 차단된 모든 메시지 분류가 보입니다.

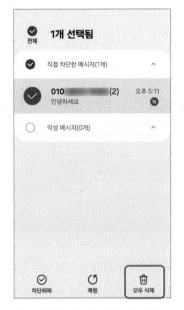

>> 차단된 메시지가 보입니다. 여기서 일부 또는 전부를 차단 해제, 복원, 모두 삭제할 수 있습니다. 전체 선택 또는 개별 선택을 한 다음 아래에 있는 세 메뉴 중 하나를 누르세요. 여기서는 [모두 삭제] 터치

>> 삭제가 완료되면 '메시지가 없습니다' 문구가 뜹니다. 메시지가 보관되지 않고 완전 삭제된 것입니다. [<] 를 터치해 직전 메뉴로 이동하세요.

---

5 발신번호 없는 메시지 차단하기

발신번호 없는 메시지는 스팸일 가능성이 높습니다. '발신번호 없는 메시지 차단'을 차단해보겠습니다.

┌─ 메뉴 미리 준비 ─────────┐
│ 홈 화면 ➡ [메시지] 앱 실행
│ ➡ [⋮] 실행 ➡ 설정 ➡
│ 스팸 및 차단 번호 관리
└─────────────────────────┘

< 스팸 및 차단 번호 관리

수신 차단/해제

차단 문구 관리

차단된 메시지

악성 메시지 차단 ⬜◯

발신번호 없는 메시지 차단 ⬜◯

오래된 스팸 메시지 삭제
스팸 메시지 1000개를 초과하면 오래된 스팸 메시지부터 삭제됩니다.

스팸 신고 안내

>> [발신번호 없는 메시지 차단] 터치

< 스팸 및 차단 번호 관리

수신 차단/해제

차단 문구 관리

차단된 메시지

악성 메시지 차단 ⬜◯

발신번호 없는 메시지 차단 ◯⬛

오래된 스팸 메시지 삭제 ◯⬛
스팸 메시지 1000개를 초과하면 오래된 스팸 메시지부터 삭제됩니다.

스팸 신고 안내

>> 그러면 '발신번호 없는 메시지 차단'이 활성화됩니다.

악성 앱 한번에 검사하고 삭제하기

공장 초기화, 보이스피싱, 개인 정보 유출 예방

갤럭시 전용

영상 QR 코드

요즘 스마트폰에 광고가 너무 많이 뜨고, 뭔가 악성 앱이라도 설치된 건 아닐까 걱정되죠? 알고 보니 스마트폰에는 설치된 앱 중 악성 앱 여부를 한 번에 점검할 수 있는 기능이 있습니다. 스마트폰에서 악성 앱을 진단하고, 문제가 되는 앱을 찾아 삭제하는 방법을 알려드립니다. 저와 같은 증상을 경험했거나, 악성 프로그래밍이 걱정되는 분들을 위해 준비했습니다. 이제부터 안내하는 방법을 꼭 적용했으면 좋겠습니다.

'이 꿀팁' 언제 쓸까?

- 바이러스 및 악성 코드 감지를 통해 보안을 강화할 때
- 배터리 사용량을 효율적으로 관리할 때
- 불필요한 앱을 정리하고 메모리를 최적화할 때
- 앱 권한과 개인 정보 보호 설정을 관리할 때
- 스마트폰의 저장 공간을 정리하고 최적화할 때

1 출처가 불분명한 링크 클릭 금지 설정하기

문자든 카카오톡이든, 출처를 알지 못하는 링크는 절대로 클릭하지 않는 게 좋아요. 갤럭시 스마트폰은 출처가 불분명한 앱이 깔리지 않게끔 설정되어 있거든요. 근데 이 설정이 혹시라도 풀려 있는 분이 있을 수도 있어요. 먼저 확인을 해보겠습니다.

'출처를 알 수 없는 앱 관리' 메뉴 확인하기

'출처를 알 수 없는 앱 관리' 메뉴는 공식 앱 스토어가 아닌 다른 경로로 설치하는 앱의 권한을 관리하는 곳입니다. 이 기능을 이용하면 웹사이트나 파일 공유를 통해 받은 APK 파일 설치 권한을 앱별로 개별 허용하거나 차단할 수 있습니다. 앱을 설치하기 전 보안 설정과 출처를 확인하는 것은 중요하므로, '출처를 알 수 없는 앱 관리' 메뉴를 확인해보도록 하겠습니다.

메뉴 미리 준비   홈 화면

> **TIP** APK 파일은 Android Package 의 약자로, 안드로이드 기기에 앱을 설치하기 위한 패키지 형식입니다.

≫ ❶ 홈 화면에서 손가락을 대고 아래로 내려주세요. ➡ ❷ [설정] 앱 실행

≫ [보안 및 개인 정보 보호] 터치

≫ [기타 보안 설정] 터치

≪ [출처를 알 수 없는 앱 관리] 터치

≫ 그러면 내 앱 중에 출처가 없는 앱이 있는지 검사를 하고 그결과를 알려줍니다.
현재 기기에서는 없으므로 '앱 없음'이 표시되었습니다. 만약 출처가 없는 앱이 보이면 삭제해주세요. [＜]를 터치해 이전 화면으로 이동하세요.

 '출처를 알 수 없는 앱 설치' 메뉴 살펴보기

앱을 설치할 때는 보통 구글 플레이스토어나 갤럭시 스토어처럼 공식 앱 스토어를 이용합니다. 하지만 가끔 웹사이트나 다른 경로에서 받은 앱 파일을 설치하려면, '출처를 알 수 없는 앱 설치' 허용 설정이 필요합니다. 이 메뉴는 보안을 위해 기본적으로 꺼져 있으며, 설정에서 앱별로 개별 허용할 수 있습니다.

[메뉴 미리 준비] 홈 화면 ➡ [설정] 앱 실행 ➡ 보안 및 개인 정보 보호 ➡ 기타 보안 설정

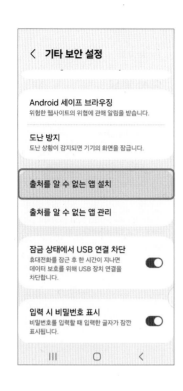

《《 [출처를 알 수 없는 앱 설치] 터치

》》 [모두 허용 안 함] 터치
출처를 알 수 없는 앱 설치에 대해 '모두
허용 안 함'으로 설정했습니다. 아래로
화면을 내리면서 혹시나 앱이 설치되도
록 오른쪽 동그라미 부분이 활성화된 곳
이 있다면, 왼쪽으로 당겨 비활성화해주
세요.

2 디바이스 케어

갤럭시 디바이스 케어는 스마트폰의 배터리, 저장 공간, 메모리, 보안을 최적화해 성능을 유지
시켜주는 관리 기능입니다. 자동 최적화, 불필요한 파일 정리, 앱 비활성화 등을 통해 기기를
원활하게 사용할 수 있도록 도와줍니다. 디바이스 케어 실행 방법과 함께 배터리 소모 최적화,
저장 공간 정리, 메모리 관리, 보안 검사 이 네 가지 주요 기능을 차례대로 살펴보겠습니다.

[메뉴 미리 준비] 홈 화면 ➡ [설정] 앱 실행

PART 06

쾌적하고 안전하게 사용하는 스마트폰 사용 꿀팁

>> [디바이스 케어] 터치

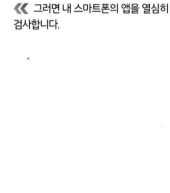

>> [검사 필요] 터치

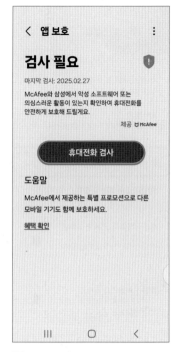

>> [휴대전화 검사] 터치

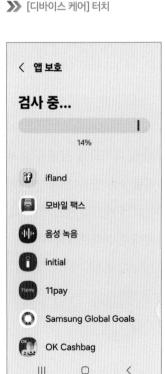

<< 그러면 내 스마트폰의 앱을 열심히 검사합니다.

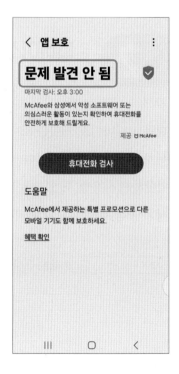

>> 검사 결과 '문제 발견 안 됨'이라는 문구가 떴습니다. 혹시나 문제가 있는 앱이 발견되면 해당 앱을 삭제하길 추천합니다.

스미싱 · 피싱 문자 때문에 불안한 분들 많죠? 통신사별 스팸 차단 앱을 설치하면 원치 않는 광고 · 악성 메시지를 자동으로 막아 피해를 예방할 수 있습니다.

- SKT : T스팸필터링
- KT : KT 스팸차단
- LG U+ : U+ 스팸차단

내 스마트폰에 악성 앱이 깔린 것 같다고 생각이 들면 118로 바로 전화하세요. 한국인터넷진흥원 상담 센터로, '스마트폰에 이런저런 앱이 있는데 이게 문제가 있는 것 같다, 어떻게 조치를 해야 되냐'라고 물어보면 아주 친절하게 상담해줍니다. 혹시라도 금전적인 피해가 발생했을 때는 112(경찰서)로 바로 전화하는 게 좋습니다. 나도 모르게 결제된 내역이 문자로 날라온다면 은행이나 카드사에 전화해서 바로 이용 정지를 요청하세요.

 공장 초기화

앞서 소개한 방법이 번거롭게 느껴진다면 스마트폰을 공장 초기화하는 간단한 방법이 있습니다. 공장 초기화는 스마트폰을 처음 구매했을 때의 상태로 되돌려 모든 데이터와 설정을 완전히 초기화하여 깔끔해진다는 장점이 있습니다. 하지만 그만큼 저장해둔 사진 · 앱 · 설정이 전부 사라진다는 단점도 있습니다. 이 방법이 있다는 것을 염두에두고, 오늘 알려드린 두 가지 정기 점검 방법을 실행해 주기적으로 악성 앱 설치 여부를 확인해보세요!

메뉴 미리 준비   홈 화면 ➡ [설정] 앱 실행

쾌적하고 안전하게 사용하는 스마트폰 사용 꿀팁

>> ❶ 설정에서 '기기 전체 초기화' 검색 ➡ ❷ [기기 전체 초기화] 터치

>> [기기 전체 초기화] 터치

>> [초기화] 터치

PART 07

스마트폰으로 AI 기능 활용 꿀팁

35

왕초보를 위한
챗GPT 활용하기

36

카카오톡으로
AI 챗봇 이용하기

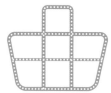

왕초보를 위한 챗GPT 활용하기

이미지 생성, 소리내어 읽기, 번역하기, 여행 추천

영상 QR 코드

챗GPT는 이제 업무부터 일상생활까지 없으면 허전한 가장 친숙한 AI 도구가 되었습니다. 궁금한 점이 생기면 즉시 질문하고, 친구와 여행 일정 계획, 요리 중 레시피 확인, 새해 인사말이나 격식을 갖춰야 할 문구 작성 시에도 챗GPT의 도움을 받을 수 있죠. 복잡한 인터넷 검색 없이도 정확하고 빠르게 핵심 정보를 제공해주기 때문에 시간과 노력을 크게 절약할 수 있습니다. 챗GPT는 누구나 한 번만 배우면 곧바로 활용할 수 있을 정도로 사용법이 쉽습니다. 지금 바로 스마트폰을 이용하여 챗GPT를 경험해보세요!

'이 꿀팁' 언제 쓸까?

- 건강 관리 및 운동 방법에 대한 조언을 구할 때
- 스마트폰 기능이나 앱 사용법에 대한 궁금증을 해결할 때
- 요리 조리법이 궁금할 때
- 국내외 여행지 추천이나 여행 일정에 대한 정보를 요청할 때
- 외국어 공부를 위한 조언이나 번역이 필요할 때

챗GPT 앱 설치 및 기본 기능 알아보기

'Play 스토어'에서 '챗GPT' 앱을 설치하고 로그인한 뒤, 화면 아래 입력창에 질문을 입력하거나 음성으로 말하면 AI가 바로 답합니다. 번역 · 요약 · 문장 작성 등 다양한 기능을 복잡한 설정 없이 활용할 수 있는데요, 먼저 스마트폰에 챗GPT 앱 설치부터 기본 기능까지 차근차근 알아보겠습니다.

메뉴 미리 준비   홈 화면

T I P 챗GPT 앱은 비슷한 형태의 앱이 많기 때문에 정확한 앱을 보다 빠르게 검색하기 위해 영어로 검색하는 것을 추천합니다.

검색창에 'chatgpt' 입력하여 검색

≫ [Play 스토어] 앱 실행

≫ ❶ 검색창에 'chatgpt' 입력 ➡ ❷ 'chatgpt' 선택

≫ ❶ 'OpenAI'라고 적힌 앱을 확인 ➡ ❷ [설치] 터치
'챗GPT'와 비슷한 이름의 앱이 많이 검색될 겁니다. 반드시 'OpenAI'라고 적힌 앱을 설치해주세요.

≫ [열기] 터치

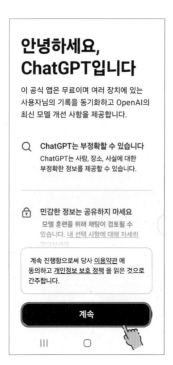

안녕하세요, ChatGPT입니다

이 공식 앱은 무료이며 여러 장치에 있는 사용자님의 기록을 동기화하고 OpenAI의 최신 모델 개선 사항을 제공합니다.

🔍 **ChatGPT는 부정확할 수 있습니다**
ChatGPT는 사람, 장소, 사실에 대한 부정확한 정보를 제공할 수 있습니다.

🔒 **민감한 정보는 공유하지 마세요**
모델 훈련을 위해 채팅이 검토될 수 있습니다. 내 선택 사항에 대해 자세히 알아보세요.

계속 진행함으로써 당사 이용약관 에 동의하고 개인정보 보호 정책 을 읽은 것으로 간주합니다.

계속

《《 [계속] 터치

》》 챗GPT가 실행됩니다.
❶ 'ChatGPT에게 메시지 쓰기'에 명령을 입력하면 됩니다. ❷ 음성 명령을 입력할 때는 [음성 명령 🎤]을 터치하세요.

TIP 챗GPT에게 명령어를 입력하면 입력창 오른쪽에 ↑ 모양의 버튼이 생깁니다. ↑는 보내기 버튼으로 누르면 입력한 내용이 전송되며 답변이 시작됩니다.

》》 [Google로 계속하기] 터치
안드로이드 스마트폰을 사용하는 모든 분은 이미 구글 계정을 사용하고 있는 겁니다. Google 계정을 사용하려면 위와 같이 진행하세요.

》》 [로그인] 터치

》》 [본인 계정으로 계속] 터치

≪ ❶ 사용자 정보 입력 ➡ ❷ [계속]
터치

≫ ❶ 챗GPT에 명령을 입력하는 창
❷ 그림, 사진, 파일 업로드하기
❸ 검색하여 답변하는 기능 켜기
❹ 음성으로 명령 입력하기
❺ 음성으로 질문과 답변을 주고받기
❻ 이미지 생성하기
드디어 챗GPT가 실행되었습니다. 일상
에서는 위의 기능 정도만 알면 활용하기
충분합니다.

 온선 노트

챗GPT를 친구처럼 대해보세요.

챗GPT는 대화 맥락 즉, 대화 내용을 기억합니다. 마치 친구와 채팅하듯, 이전에 나눈 이야기를 바탕으로 이어서 답변하죠. 친구와 채팅으로 대화를 한다고 생각하면 이해하기 쉬울 겁니다. 예를 들어, "새우깡이 맛있니?"라고 물어본 뒤 "얼마야?"라고 묻는다면, 앞서 언급된 새우깡의 가격을 그대로 알려줍니다. 앞에서 새우깡 이야기를 했다는 사실을 기억하는 거죠!

---

2 '글'로 명령해보기

이제부터 챗GPT를 사용해보겠습니다. 챗GPT에 명령을 내리는 방법에는 여러 가지가 있지만, 먼저 '텍스트 입력' 방식을 알아보겠습니다. 처음이니 간단한 예제로 시작해볼게요. 봄을 맞아 '강원도 여행지 추천해줘'라고 입력해보겠습니다.

메뉴 미리 준비   홈 화면 ➡ [챗GPT] 앱 실행

>> ❶ 질문 입력 ➡ ❷ [보내기 ⊙]
터치

>> 총 4가지 여행 테마로 나누어 여행지를 추천해주었습니다.

TIP 답변 결과는 매번 다르게 나와요! 사람도 물어볼 때마다 조금씩 다르게 말하는 이치와 같다고 생각하면 됩니다.

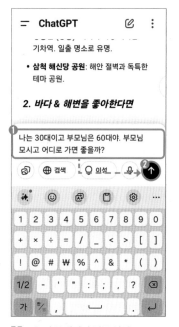

>> ❶ 더 구체적인 질문 입력 ➡
❷ [보내기 ⊙] 터치
챗GPT는 구체적으로 질문할수록 더 알맞은 답변을 해줍니다. 이번에는 더 구체적인 요구사항을 담아 질문해봤습니다.

>> 다양한 코스와 함께 맨 끝에 팁을 제공해주었습니다. 이처럼 구체적인 요청을 하거나 대화를 반복하면 더 유용한 대답을 이끌어낼 수 있습니다.

3 '음성'으로 명령해보기

지금까지 텍스트 입력을 통한 명령 방식을 살펴보았습니다. 상황에 따라 텍스트보다 음성 명령이 더 편리할 수 있는데요, 이번에는 음성으로 챗GPT에 명령하는 방법을 알아보겠습니다.

 좋아하는 가수 노래 찾기

좋아하는 가수의 노래를 찾으려면 가수 검색부터 인기곡 · 신곡 확인, 직접 청취까지 여러 단계를 거쳐야 하죠. 하지만 챗GPT에 간단히 물어보면 원하는 곡 정보를 빠르고 정확하게 얻을 수 있습니다.

메뉴 미리 준비

홈 화면 ➡ [챗GPT] 앱 실행

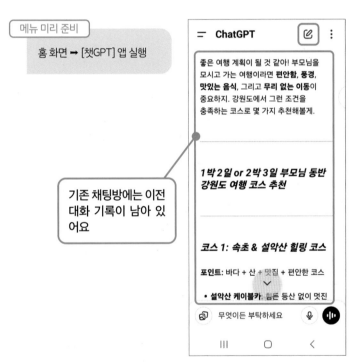

기존 채팅방에는 이전 대화 기록이 남아 있어요

>> 기존 채팅창에 계속 대화를 하면 이전 대화 기록과 내용이 공존하여 헷갈릴 수 있습니다. 주제마다 새로운 채팅창을 만드는 것이 좋습니다. [✎]을 터치하여 새로운 채팅창을 엽니다.

>> [음성 명령 🎤]터치
음성 명령 모드로 전환합니다.

PART 07

스마트폰으로 AI 기능 활용하기

>> [권한 요청] 터치

>> [앱 사용 중에만 허용] 터치

>> '송가인 노래 추천해줘'라고 말하기 ➡ [보내기 ⬆] 터치

>> [음성 명령 🎤] 터치

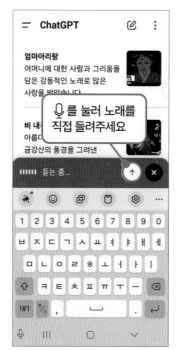

>> 노래를 추천해주었지만, 원하는 곡이 어떤 것인지 정확히 알기 어려울 땐 챗GPT에게 [🎤]를 눌러 직접 노래를 들려주고 알려달라고 해보세요.

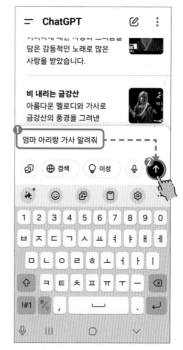

>> ❶ '엄마 아리랑 가사 알려줘'라고 말하기 ➡ ❷ [보내기 ⬆] 터치
음성 인식 결과가 잘 입력되었는지 확인해보세요.

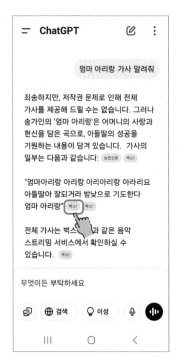

>> [벅스!] 터치
아쉽게도 저작권 문제로 가사 전부를 알려주지는 않네요. 그 대신 가사를 볼 수 있는 링크를 알려주고 있습니다. 링크가 걸려 있는 버튼을 눌러 확인해보세요.

>> [링크 열기] 터치

>> 가사가 보이는 페이지로 잘 이동했네요! 참고로 저작권 문제가 없는 애국가나 동요 등의 가사는 잘 보여줍니다.

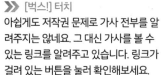
영어 공부하기

이번에는 영어 공부를 해보겠습니다. 우리말을 음성으로 입력하면 영어로 번역해주는 실습을 진행해볼게요. 참고로 챗GPT는 일본어, 중국어 등 다양한 언어를 폭넓게 지원하므로 영어뿐만 아니라 다른 언어 학습도 가능하니 두루 활용해보세요.

메뉴 미리 준비   홈 화면 ➡ [챗GPT] 앱 실행

새로운 채팅창을
열어주세요

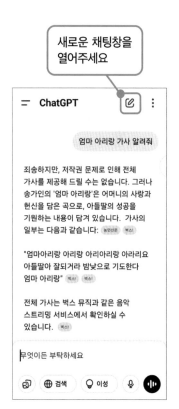

>> [✎] 터치
✎를 눌러 새로운 채팅창을 엽니다.

>> [음성 명령 🎤] 터치

>> '이제부터 하는 말을 다 영어로 바꿔줘. 안녕 나는 유튜버야'라고 말하고 ➡ [보내기 ↑] 터치

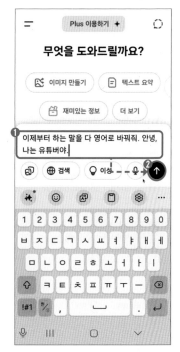

>> ❶ 인식 결과를 확인하고 이상이 없으면 ➡ ❷ [보내기 ↑] 터치

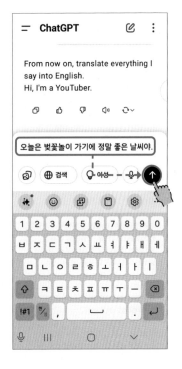

<< 앞서 입력한 모든 말을 영어로 번역해주었습니다. 잘 작동하는지 추가로 말을 걸어보겠습니다. 앞서 설명한 음성 인식 모드를 활성화하고 '오늘은 벚꽃놀이 가기에 정말 좋은 날씨야'라고 말한 다음 이상이 없으면 [↑]를 터치하세요.

>> 말할 때마다 음성을 곧잘 인식하여 입력한 말을 영어로 잘 번역해줍니다.

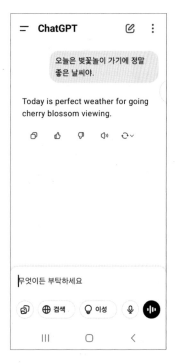

4 그림 그리기

챗GPT로 그림을 그릴 수 있어요. 이제 더 이상 인터넷에서 저작권 없는 이미지를 찾을 필요가 없습니다. 챗GPT로 그림을 그리는 방법을 알아볼게요.

메뉴 미리 준비

홈 화면 → [챗GPT] 앱 실행

《《 [이미지 만들기] 터치

TIP [이미지 만들기] 버튼이 안 보인다면, 명령에 '이미지를 생성해 줘'라고 입력하면 됩니다.

》》 그러면 예시로 버튼이 몇 개 보입니다. 이 중에서 '프리젠테이션 이미지를 생성해줘"를 누르면, 입력창에 입력됩니다. 이처럼 어디어디에 사용할 "이미지를 생성해줘"라고 말하면 이미지를 생성해준다는 의미입니다.

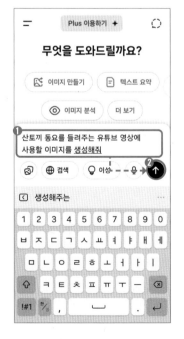

《《 ❶ 이미지 생성 명령어 입력 → **❷** [보내기 ↑] 터치
이번에는 '산토끼 동요를 들려주는 유튜브 영상에 사용할 이미지를 생성해 줘'라고 입력하겠습니다.

》》 동요 영상의 배경으로 사용할 이미지가 생성되었습니다. 구체적으로 요청할수록 더 마음에 드는 이미지를 생성하실 수 있을 겁니다.

5 이전 대화 내용 찾기, 복사하기, 소리 내어 읽기

매번 새 창을 열면 이전 대화가 사라지는데, 그 대화 내용은 어디서 확인할 수 있을까요? 챗GPT 대화 내용을 복사해서 카카오톡에 보낼 수는 없는 걸까요? 있습니다! 이전 대화 내용 확인 및 카카오톡으로 바로 공유하는 방법도 알아보겠습니다.

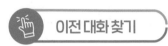 이전 대화 찾기

이전 대화는 챗GPT의 어느 창에서든 손쉽게 확인할 수 있습니다. 삭제하지 않는 한 대화 기록은 계속 유지되어 남아 있습니다. 이번에는 챗GPT에서 이전 대화 내용을 찾는 방법부터 알아보겠습니다.

메뉴 미리 준비

홈 화면 ➡
[챗GPT] 앱 실행

 [☰] 터치

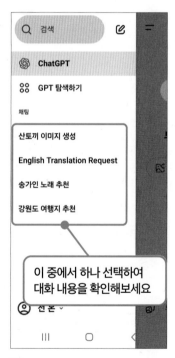

≫ 이전 채팅 기록 중 하나 선택하여
터치
왼쪽에 지금까지 진행한 채팅창 목록이
보입니다. 원하는 채팅을 눌러보세요.
그러면 이전 대화 기록과 내용을 확인할
수 있습니다.

온선 노트

대화 내용 삭제하기도 가능할까요?

가능합니다. 삭제하는 방법은 다양합니다. 여기서는 가장 간단한 방법만
안내하며, 이 방법만 알아도 충분하니, 나머지는 참고용으로 확인하세요.

개별 대화 삭제

- 왼쪽 채팅 목록에서 지우고 싶은 채팅 옆 [🗑 삭제] 터치
- 또는 삭제할 채팅창을 꾹 누르기 ➡ 채팅 옆 [🗑 삭제] 터치

모든 대화 한 번에 비우기

- [왼쪽 아래 프로필(설정) 클릭 ➡ 설정 ➡ 데이터 컨트롤 ➡ 대화
  기록 삭제] 터치

새 대화 저장 차단

- 같은 데이터 컨트롤에서 '대화 기록 및 학습 사용' 토글 끄기

 온선 노트

챗GPT 유료 버전과 무료 버전은 어떻게 다를까요?

속도, 성능, 하루에 사용할 수 있는 양이 다릅니다. 그리고 최신 기능은 유료 버전에서 먼저 제공해요. 업무
용으로 쓰지 않는 수준이라면 무료 버전만으로도 기본 채팅·번역·요약 등의 작업은 충분히 가능하니, 사용
패턴에 맞춰 선택하면 됩니다. 그럼 어떤 차이점이 있는지 간략히 알아보겠습니다.

구분	무료 버전	유료 버전 (Plus)
모델 성능	o4-mini	GPT-4 포함 고성능
응답 속도	사용자가 많은 시간대에는 지연될 수 있음	우선 처리로 항상 빠름
음성 대화	기본 음성 모드	Advanced Voice Mode 무제한
고급 기능	코드 실행·플러그인·파일 업로드 불가	모바일 앱에서도 코드 인터프리터·플러그인·PDF·이미지 업로드 가능
신기능 접근	일반 제공	새 기능·멀티모달 우선 제공

이제 챗GPT 대화 내용을 복사하는 방법을 살펴보겠습니다. 복사한 텍스트는 카카오톡 채팅 방이나 문자 메시지 창에 간편하게 붙여넣어 공유할 수 있습니다.

메뉴 미리 준비

홈 화면 ➡
[챗GPT] 앱 실행

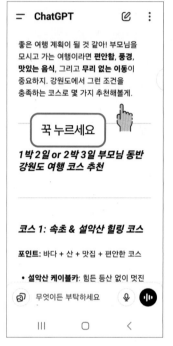

>> 복사하기를 원하는 창에서 손가락을 꾹 대고 있으세요.

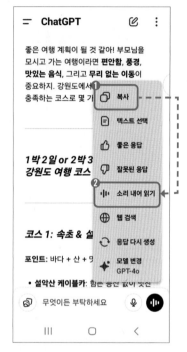

>> ❶ [복사] 터치 ➡ ❷ [소리 내어 읽기] 터치

그러면 메뉴가 보입니다. '복사'를 누르면 내용이 복사됩니다. 카카오톡이나 문자 메시지 등에 붙여넣어 활용해보세요. '소리 내어 읽기'를 누르면 처음부터 대화 내용을 읽습니다. 텍스트를 읽기 어려운 환경에서 확인할 때 유용합니다.

카카오톡으로
AI 챗봇 이용하기
아숙업, Askup

챗GPT 전용

영상 QR 코드

카카오톡 안에서도 챗GPT와 비슷한 AI 대화 기능을 사용할 수 있다는 사실, 알고 계셨나요? 바로 '아숙업(Askup)' 대화 채널을 이용하면 됩니다. 기본적인 사용법은 챗GPT와 비슷하지만, 카카오톡 안에서 제공되다 보니 기능이 더 적어서 간단한 기능을 이용하거나, 새로운 앱을 설치하기 싫은 분들에게 유용합니다. 카카오톡 채팅 목록에서 아숙업을 추가하고, 기본 명령어를 입력해 대화를 시작하는 방법을 차례대로 알려드립니다. 간단한 질문부터 활용 팁까지 함께 확인해보세요!

'이 꿀팁' 언제 쓸까?

- 앱 설치 없이 카카오톡에서 챗GPT 기능을 이용하고 싶을 때
- 해외여행 중 메뉴판이나 안내문의 번역이 필요할 때
- 프로필 이미지가 필요할 때
- 영어 공부를 위해 영어 신문을 읽고 싶을 때

카카오톡에 'Askup' 추가하기

아숙업은 별도의 앱 설치 없이 카카오톡에서 채널 추가만
으로 바로 이용할 수 있는 AI 대화 기능입니다. 먼저 카카오
톡에서 아숙업 채널을 추가하는 방법을 단계별로 알려드립
니다.

메뉴 미리 준비 ┃ 홈 화면 ➡ [카카오톡] 앱 실행

▶▶ [🔍] 터치

▶▶ ❶ 'askup' 검색 ➡ ❷ [Askup]
터치

▶▶ [💬+] 터치

▶▶ [채널 추가] 터치

❶ [🤖] 터치하여 채팅방으로 이동 또는 **❷** [✕] 터치한 다음 Askup 채팅방 입장

---

2 간단한 정보 찾기

챗GPT와 마찬가지로 아숙업도 일반적인 지식을 검색할 수 있습니다. 예를 들어 "토마토, 계란, 우유로 만들 수 있는 요리 추천해줘"라고 물어보면 요리 이름과 재료, 조리 과정을 알려주죠. 여기서는 불면증 해소 방법을 아숙업에 묻는 과정을 알아보겠습니다.

메뉴 미리 준비   홈 화면 ➡ [카카오톡] 앱 실행 ➡ 'Askup' 채팅방 입장

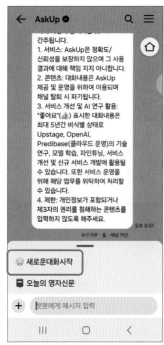

≪ [새로운대화시작] 터치
채팅방에 입장하면 Askup에 대한 간단한 사용법 안내가 보입니다. 안내문을 읽었다면 대화를 시작해봅시다.

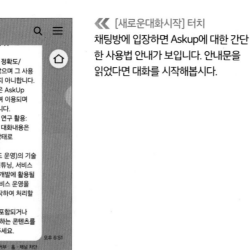

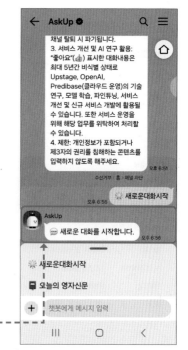

≫ 그러면 새로운 대화를 시작할 수 있습니다. 챗GPT는 별도의 대화창이 뜨지만, 아숙업은 기존 대화창에서 새로 시작한다는 안내만 뜹니다.

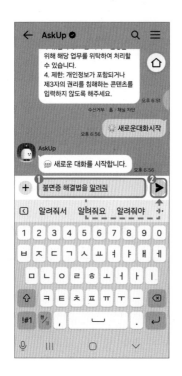

≪ ❶ 질문 입력 → ❷ [전송 ▶] 터치

≫ 질문의 난이도에 따라 답변이 나오기까지 대기하는 시간이 다릅니다. 곧바로 답이 나오지 않더라도 조금 기다려보세요.

≪ ❶ 더 구체적으로 질문 작성 ➡
❷ [전송 ▶] 터치

답변이 나왔지만, 질문이 너무 모호했던 탓인지 더 구체적인 질문을 요구합니다. 더 구체적으로 질문을 작성하여 메시지를 전송해보세요.

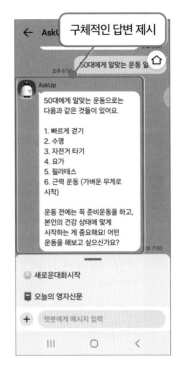

구체적인 답변 제시

≫ 답변에 대해 더 구체적인 답변을 제공해주었습니다.

TIP 모든 질문에 항상 재질문을 요청하는 것은 아닙니다. 한 번에 답변을 받고 싶다면 항상 질문은 구체적으로 하는 것이 좋습니다.

 온선 노트

인터넷 검색으로도 단편적인 지식은 쉽게 찾아볼 수 있지 않나요?

맞습니다. 하지만 챗GPT나 아숙업은 수많은 웹 문서와 데이터에서 핵심 내용을 추려내어 하나의 일관된 답변으로 정리해 제공합니다. 따라서 다음과 같은 부분에서 차이점을 느낄 수 있습니다.

- 여러 사이트를 일일이 살펴볼 필요 없이 한 번에 종합적인 정보를 얻을 수 있음
- 질문 맥락에 맞춰 추가 설명이나 예시를 덧붙여 줌
- 사용자 의도에 맞춘 맞춤형 답변을 제공함

여기저기 돌아다니면서 더 나은 답변을 찾을 필요가 없기 때문에 편리합니다.

PART 07

스마트폰으로 AI 기능 활용하기

영어로 번역하기

이번에는 아숙업의 영어로 번역하는 기능을 이용해보겠습니다. 영어 번역 기능을 이용하는 방법도 아주 간단하므로 다음 단계를 잘 따라해보세요.

메뉴 미리 준비 ▶ 홈 화면 ➡ [카카오톡] 앱 실행 ➡ 'Askup' 채팅방 입장

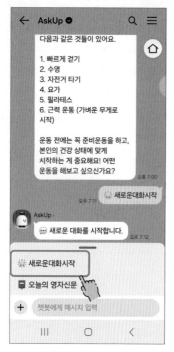

▶▶ [새로운대화시작] 터치

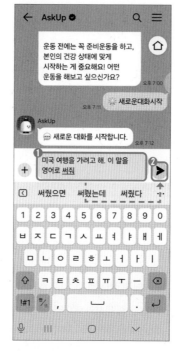

▶▶ ❶ 번역할 문장을 입력하고 '이 말을 영어로 써줘'라고 이어서 입력 ➡ ❷ [전송 ➤] 터치

▶▶ 영어로 금방 번역해줍니다.

4 유튜브 대본 써보기

기자는 기사 작성, 대학생은 리포트 작성을 챗GPT로 해결하는 시대가 되었습니다. 마케터는 광고 문구를, 개발자는 코드 예시를, 디자이너는 콘텐츠 아이디어를 챗GPT에 요청해 업무 효율을 극대화하고 있죠. 이제 유튜버인 저는 챗GPT를 활용해 유튜브 대본을 손쉽고 빠르게 뽑아내는 방법을 챗GPT 활용 방법 중 하나의 예시로 알려드리겠습니다.

> **메뉴 미리 준비** 홈 화면 ➡ [카카오톡] 앱 실행 ➡ 'Askup' 채팅방 입장

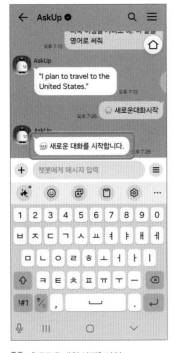

>> [새로운대화시작] 터치

>> ❶ '카카오톡 사용법에 대한 유튜브 대본을 써줘'라고 작성 ➡ ❷ [전송 ▶] 터치

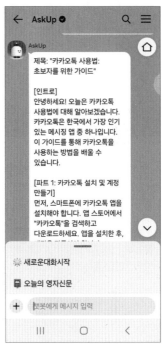

>> 바로 읽어서 쓸 수 있을 정도로 깔끔하게 대본이 나왔습니다.

> **TIP** 연령대, 성별, 말투 등도 자유롭게 지정할 수 있습니다. 예를 들어 "30대 남성처럼 써줘", "유재석 씨 말투로 작성해줘"처럼 요청하거나 "어린이가 이해할 수 있게 설명해줘"라고 부탁할 수도 있습니다.

남은 크레딧 확인하기

아숙업은 무제한으로 사용할 수 있는 건 아니고 하루에 100크레딧이 무료로 제공됩니다. 질문 한 번당 1크레딧이 차감되어 하루에 약 100번까지 질문할 수 있어요. 다음 날이 되면 크레딧이 다시 충전되어 사실상 거의 무제한으로 사용 가능합니다. 이번에는 아숙업에 나의 남은 크레딧을 확인하는 방법을 차근차근 알려드립니다.

메뉴 미리 준비

홈 화면 ➡
[카카오톡] 앱 실행 ➡
'Askup' 채팅방 입장

 T I P '크레딧확인!'은 모두 붙여써야 합니다. 또한 '!' 기호를 빼먹으면 안됩니다.

>> '크레딧확인!' 입력 ➡ [전송 ▶]
터치

>> 그러면 남은 크레딧 수량과 사용한 크레딧 수량을 알려줍니다.

온선 노트

아숙업이 잘못된 정보를 알려주는 거 같아요!

챗GPT와 마찬가지로 아숙업은 인터넷상의 다양한 문서를 학습해 답변을 생성하지만, 그 과정에서 오류가 포함된 자료를 참조하거나 맥락을 잘못 해석해 잘못된 정보를 '정답'처럼 제시할 수 있습니다. 또한 모델 자체가 단어의 출현 확률을 기반으로 답변을 만들어내므로, 때로는 부정확하거나 과장된 표현이 섞여 나올 위험이 있습니다.

따라서, 아숙업의 답변을 활용할 때 공식 문서나 신뢰할 만한 출처에서 추가 확인하고, 여러 정보원을 교차 검증하며, 의심이 가는 내용은 직접 검색해보는 습관을 가지는 것을 권장합니다.

엄마 아빠에게 선물하는
스마트폰 활용 + 챗GPT 무한 꿀팁 36

갤럭시, AI, 챗GPT, 등본 발급, 카카오톡, 송금, 선물하기,
쿠팡, 배달 주문, 번역, 카메라/사진, 길찾기까지

1판 1쇄 발행 2025년 6월 2일

지은이 온선
펴낸이 최현우 · **기획** 최혜민 · **편집** 박현규, 김성경, 최혜민
디자인 신선아 · **조판** SEMO
마케팅 오힘찬 · **피플** 최순주

펴낸곳 골든래빗(주)
등록 2020년 7월 7일 제 2020-000183호
주소 서울 마포구 양화로 186 LC타워 4층 449호
전화 0505-398-0505 · **팩스** 0505-537-0505
이메일 ask@goldenrabbit.co.kr
홈페이지 www.goldenrabbit.co.kr
SNS facebook.com/goldenrabbit2020

ISBN 979-11-94383-27-7 93000

* 파본은 구입한 서점에서 바꿔드립니다.

우리는 가치가 성장하는 시간을 만듭니다.
골든래빗은 가치가 성장하는 도서를 함께 만드실 저자님을 찾고 있습니다.
내가 할 수 있을까 망설이는 대신, 용기 내어 골든래빗의 문을 두드려보세요.
apply@goldenrabbit.co.kr

골든래빗
바로가기